上海市专业技术人才知识更新工程

城市轨道交通
运营安全与管理

主　编　丁小兵
副主编　吴　刚

中国铁道出版社有限公司

2022年·北　京

内 容 简 介

本书结合国内各大城市轨道交通运营经验，从理论与实际两个维度对城市轨道交通运营安全与管理的相关内容进行了介绍与分析。全书分为六章，包括城市轨道交通运营安全管理基础理论、基于事故树分析法的城市轨道交通安全分析方法、城市轨道交通运营安全评价方法、危险源辨识与管控、城市轨道交通事故应急救援与处理、城市轨道交通运营安全相关法规与规章制度。

本书可作为高等院校城市轨道交运营专业的师生用书，也可供从事城市轨道交通运营管理相关工作的技术和管理人员使用。

图书在版编目（CIP）数据

城市轨道交通运营安全与管理/丁小兵主编．—北京：中国铁道出版社有限公司，2022.1

ISBN 978-7-113-28100-7

Ⅰ.①城… Ⅱ.①丁… Ⅲ.①城市铁路-交通运输安全-交通运输管理 Ⅳ.①U239.5

中国版本图书馆 CIP 数据核字（2021）第 123811 号

书　　名：城市轨道交通运营安全与管理
作　　者：丁小兵

责任编辑：李嘉懿　　**编辑部电话：**（010）51873147　　**电子信箱：**ljy_jtu@163.com
封面设计：高博越
责任校对：焦桂荣
责任印制：高春晓

出版发行：中国铁道出版社有限公司（100054，北京市西城区右安门西街 8 号）
网　　址：http://www.tdpress.com
印　　刷：北京富资园科技发展有限公司
版　　次：2022 年 1 月第 1 版　2022 年 1 月第 1 次印刷
开　　本：710 mm×1 000 mm 1/16　**印张：**8.25　**字数：**153 千
书　　号：ISBN 978-7-113-28100-7
定　　价：40.00 元

前　言

2021 年初，中共中央、国务院对外公布《国家综合立体交通网规划纲要》，勾勒了国家综合立体交通网络蓝图，其中，轨道交通是综合交通网络的骨干。城市轨道交通作为城市的公共交通工具之一，其系统的安全运营直接关系到高度密集人群生命和财产的安全。

城市轨道交通作为城市中具有大客流集散特点的公共交通工具，对于方便市民出行，保障市民正常生活具有功不可没的作用。其中，城市轨道交通运营的安全性与平稳性是保障轨道交通发挥客流运载能力的关键，是各大城市乃至整个国家运输体系中最为关注的根本性问题。目前，城市轨道交通系统的公共安全问题已被世界各国纳入国家安全战略研究的范畴。

本书结合国内各大城市轨道交通运营经验，从理论与实际两个维度对城市轨道交通运营安全相关内容进行了介绍与分析，归纳了最新的城市轨道交通运营相关理论知识，梳理了城市轨道交通应急处理措施与流程，具有一定的理论性与可操作性。书籍编排依照城市轨道交通运营安全知识逻辑体系，便于读者理解，适合城市轨道交通运营安全相关岗位职工和相关专业学生使用。

全书分为六章。第 1 章梳理了城市轨道交通运营安全的相关概念，介绍了相关基本理论，提出安全问题的基本特性，阐述了一系列经典安全理论；第 2 章介绍了基于事故树分析法的城市轨道交通安全分析方法，阐述了事故树分析法的概念、步骤，事故树定性分析及定量分析方法，并引入相关例题，使读者能够对事故树分析方法在城市轨道交通运营安全中的应用有更加直观和更为深刻的理解；第 3 章介绍城市轨道交通运营安全评价方法，包括层次分析法(AHP)、模糊综合评判法、基于数据包络分析(DEA)法、基于灰色系统法的评价法，从方法论的高度综合阐述了城市轨道交通安全的评价与分析；第 4 章从城市轨道交通危险源识别，城市轨道交通系统主要危险因素及分级，LEC 评价法，城市轨道交通运营安全控制体系四大方面加以介绍，使读者熟悉识别危险源的方法，了解城市轨道交通系统的主要危险因素，掌握城市轨道交通安全控制，从而预防和减少事故的发生；第 5 章从城市轨道交通的应急救援体系、常见应急设备及常见事故的应急处理等多个方面介绍了城市轨道交通系统在出现突发事件之前以及突发事件出现时的响应机制和处理措施，明确了应急救援的范围和体系，使应急准备和应急救援，尤其是对相关人员的培训和演习工作的开展有据可依、有章可循；第 6 章梳理了城市轨道交通运营安全相关法规与规章制度，使读者站在法律的高度认识到学习城市轨道交通运营安全管理的重要性。

作者在编撰此书的过程中，注重理论的科学性、内容的全面性、编排的逻辑性，希望能够对轨道交通运营安全领域有所助力。在这个经济飞速发展、人民生活日益富足的时代，如何在提高运营效率的同时，保障城市轨道交通运营安全，为广大市民打造高效、安全、舒适的出行方式，是轨道交通领域永恒的使命与长久的驻足点。愿中国轨道交通在青年同胞的奋斗中得到更为广阔的发展。

本书借鉴了许多学者的研究成果，在此深表谢意！由于编者水平有限，加之时间仓促，书中难免存在疏漏或不足，敬请读者批评指正！

编　者

2021 年 5 月

目　　录

第1章　城市轨道交通运营安全管理基础理论

城市轨道交通运营安全关系到城市交通的正常有序运行，在交通运输领域处于核心地位。轨道交通运营过程中，若关键隐患未得到及时发现并控制，进而相继传递形成链式传导效应，最终会导致违背意愿的有序事故隐患序列，形成风险链式传递链条。本章将从城市轨道运营安全角度详细阐述城市轨道交通安全的相关概念。

1.1　城市轨道交通的分类

经过130多年的发展，当今世界城市轨道交通的形式多种多样。各种轨道交通有其优点和适用范围，其分类的方法也有多种，一般可分成以下几类。

1. 地　　铁

地铁是由电气牵引、轨道导向、车辆编组运行在全封闭的地下隧道或部分运行在地面和高架线路上的大容量快速轨道交通系统，其单方向的输送能力在3万人次/h以上。

地铁的列车间隔可缩短至1.5 min，列车编组4～10辆，单向高峰运能可达4万～8万人次/h；采用右侧行车的双线全封闭线路，系钢轨、钢轮体系，轨距1 435 mm。地铁是现代大城市轨道交通的主干线，但造价昂贵、工期长。

2. 有轨电车

有轨电车是一种在地面上与其他交通工具混行的轨道交通(图1-1)。20世纪20年代是有轨电车发展最辉煌的年代，当时，有轨电车在城市交通中起主导作用；然而，随着汽车化时代的到来，有轨电车因速度低、噪声大、运量小、舒适性差和技术落后而进入停滞和拆除阶段；20世纪60、70年代步入了用新技术加以改造的阶段，由此产生了轻轨交通。

3. 轻　　轨

轻轨是指具有中等运量、车辆轴重较轻、有专用轨道导向的城市轨道交通系统(图1-2)。“轻轨”的英文是“Light Rail Transit”。轻轨交通系统源自有轨电车，同时也具有地铁的许多特性。

轻轨有地面、高架和地下三种形式，可以是全封闭、半封闭或混合车道，可用轮

图 1-1　德国汉诺威有轨电车

图 1-2　马来西亚轻轨

轨系统、线性电机系统或橡胶轮系统。其单向高峰客运量为 1 万～3 万人次/h，造价仅为地铁的 1/2～1/7。轻轨可作为中等城市人口(50 万～100 万人)轨道交通的主干线和大城市(人口 100 万以上)轨道交通的次干线(注：国际上对轻轨的内涵和名称并不统一，有一种定义把属中等运量的新型有轨电车、独轨、新交通系统和线性电机牵引轨道即窄地铁都称作轻轨)。

轻轨克服了有轨电车的缺点，且造价比地铁低、见效快，比公共汽车效率高、速度快、节约能源、无污染，所以受到世界各地广泛重视。世界上最早兴建轻轨的是比利时、德国等国家，目前以德国最为发达，已在30个城市建有轻轨，其总长已达2 200多km。

4. 独轨(又称单轨)

独轨是一种跨骑或悬挂在高架的钢或混凝土导轨上行驶的交通系统，属中等运量的交通方式。它的车辆是在一根导轨上运行，分为跨座式和悬挂式两大类(图1-3)。

图1-3 重庆独轨交通

1893年德国建成世界上第一条悬挂式独轨线路，1961年日本建成世界上第一条跨座式独轨线路。独轨线路是一种中、小容量的系统，适合于单向断面客流0.5万～2万人次/h。它具有占地少又不影响地面的绿化、爬坡能力大(可达10%)、噪声小(用橡胶轮)等优点。独轨起源于欧洲，却在日本得到了很大的发展，自1957年12月日本的第一条独轨(悬挂式)诞生，现已建成10条，总长约90 km，多为跨座式，最短1.2 km，最长23.8 km。

5. 磁浮线

磁悬浮列车是依靠电磁吸力或斥力将列车悬浮于空中并进行导向，再利用线性电机驱动列车运行的一种无轮轨接触的运输方式。

磁悬浮列车分为常导型和超导型两大类。常导型以德国Transrapid为代表，它利用电磁吸力的原理将列车悬起10 mm左右，最高速度可达400～500 km/h；

超导型以日本 MAGLEV 为代表，它利用超导磁体的强磁场所产生的电动斥力将列车悬起 100 mm 左右，最高速度已达 552 km/h，超导型的技术难度较大。目前世界上唯一正式投入运营的磁浮线是上海磁浮示范运营线，长 30 km，最高设计速度为 430 km/h，如图 1-4 所示（英国伯明翰国际机场与毗邻的铁路车站间，于 1984 年底建成一条磁悬浮线并投入运营，速度 32 km/h，属低速磁悬浮线，3 辆编组，定员 234 人，后被拆除）。

图 1-4　上海轨道交通磁浮线

6. 城市铁路

城市铁路系泛指为城市交通服务的，能在市区内开行公交化旅客列车的铁路。

7. 市郊铁路

市郊铁路是开行城市中心区到卫星城①、卫星城到卫星城旅客列车的铁路。其单向输送能力可达 8 万人次/h 以上，最高运行速度可达 120 km/h，一般采用电动车组或内燃动车组，如图 1-5 所示。

① 卫星城：是指以大城市（在一定区域内起主导作用的城市，而不是在经济、政治或面积等仅单方面地位突出的城市）为中心，在地理空间上呈卫星分布状的城市或县镇。

由于不同国家地区之间以及同一国家地区内部的行政区类型有多样性和复杂性，这里的城镇可以是各种类别的以非农业人口为主的行政区。

上海的主要卫星城为：嘉定新城、淞江新城、青浦新城、金山新城、南桥新城、临港新城、闵行新城（江川路街道）、城桥新城（在崇明县）、川沙新城。

图 1-5　美国巴尔的摩市郊列车

8. 机场联络线

机场联络线是连接机场到市区的轨道交通线，用于旅客及接送人员的乘坐和沿线民航职工的通勤。机场联络线产生于 20 世纪 50 年代，最早出现在英国伦敦的盖特威克机场到市区维多利亚车站之间，1958 年开通运营。

9. 新交通系统(又称自动化轨道新交通系统)

这是一种单辆或数辆胶轮车编组在专用钢筋混凝土轨道上导向运行而实现全自动驾驶的交通系统。新交通系统的概念始于 20 世纪 60 年代中期的美国，1974 年美国建成世界上第一条自动化导轨客运系统，全长 21 km，简称 AGT。其后，日本、加拿大、法国、德国等都各自建成了自有特色的新交通系统，包括钢车轮、橡胶车轮、直线电动机驱动、悬挂式等多种形式。新交通系统是一种与其他交通方式形成立体交叉的中小容量的客运系统，实际上是那些与现有运输模式不同的各种短距离新交通方式的总称。

新交通系统车辆与其他城市轨道交通车辆的最主要区别就在其走行装置，这种被称为导轨式电动车是运行在钢筋混凝土专用轨道上、使用橡胶车轮的自动行驶公共交通工具，它由走行车轮和导向车轮承担载荷，导向系统有设置在轨道侧面的，也有设置在轨道中央的，如图 1-6 所示。

图 1-6 美国杰克森维尔自动运输交通系统

进入 21 世纪,由于国民经济的快速发展和国家政策的引导及各城市的积极努力,我国轨道交通进入了一个快速发展的大好时期,建设规模之大是世界轨道交通发展历史中少有的。

近年来,许多大城市为解决交通问题,纷纷提出并计划修建地铁或轻轨等交通项目,有近 40 个城市进行了不同程度的前期工作和可行性研究,其中有 25 个城市的近、中、远期规划已经编制完成。

1.2 安全基本概念

1.2.1 概　　念

1. 安　　全

关于安全的概念主要分为两种,即绝对安全和相对安全。

绝对安全观是人们较早时期对安全的认识,目前仍然有一部分现场生产管理人员和科技工作者有此认识。绝对安全观认为,安全指没有危险、不受威胁、不出事故,即消除能导致人员伤害,发生疾病、死亡或造成设备财产破坏、损失以及危害环境的条件。这种安全观认为发生死亡、工伤等的概率为零,这在现实生产系统中是不存在的，它是安全的一种极端理想的状态。与绝对安全观相对应的就是人们现在普遍接受的相对安全观，相对安全观认为，安全是相对的，绝对安全是不存在的。

由相对安全的定义可知，安全是在具有一定危险性条件下的状态，安全并非绝对无事故。事故与安全是对立的，但事故并不是不安全的全部内容，而只是在安全与不安全这一对矛盾斗争过程中某些瞬间突变结果的外在表现。

安全是指在生产活动过程中，能将人或物的损失控制在可接受水平的状态。换言之，安全意味着人或物遭受损失的可能性是可以接受的，若这种可能性超过了可接受的水平，即为不安全。该定义具有下述含义：

(1)这里所讨论的安全是指生产领域中的安全问题，既不涉及军事或社会意义的安全，也不涉及与疾病有关的安全。

(2)安全不是瞬间的结果，而是对于某种过程状态的描述。

(3)安全是相对的，绝对安全是不存在的。

(4)构成安全问题的矛盾双方是安全与危险，而非安全与事故。因此，衡量一个生产系统是否安全，不应仅仅依靠事故指标。

(5)不同的时代，不同的生产领域，可接受的损失水平是不同的，因而衡量系统是否安全的标准也是不同的。

2. 危　　险

作为安全的对立面，可以将危险定义为：危险是指在生产活动过程中，人或物遭受损失的可能性超出了可接受范围的一种状态。危险与安全一样，也是与生产过程共存的过程，是一种连续型的过程状态。危险包含了尚未为人所认识的，以及虽为人们所认识但尚未为人所控制的各种隐患。同时，危险还包含了安全与不安全一对矛盾斗争过程中某些瞬间突变发生外在表现出来的事故结果。

3. 安全性

从系统的安全性能讲，安全性为衡量系统安全程度的客观量。与安全性对立的概念是描述系统危险程度的指标——风险（又称危险性）。

假定系统的安全性为 S，危险性为 R，则 $S=1-R$。

4. 可靠性

可靠性指系统或元件在规定条件下、规定时间内，完成规定功能的能力。

5. 风　　险

风险是描述系统危险程度的客观量。

(1)把风险看成是一个系统内有害事件或非正常事件出现可能性的量度；

(2)把风险定义为发生一次事故的后果大小与该事故出现概率的乘积。

一般意义上的风险具有概率和后果的二重性：

$$R=f(p,c)$$

式中 R——风险；

p——风险发生的概率；

c——发生风险后的损失后果。

为简单起见，大多数文献中将风险表达为概率与后果的乘积：$R=p\times c$。

6. 事　　故

美国安全工程师海因里希(Heinrich)认为，事故是“非计划的、失去控制的事件”。按贝克霍夫(Beckhoff)的定义，事故是人(个人或集体)在为实现某种意图而进行的活动过程中，突然发生的、违反人的意志的、迫使活动暂时或永久停止的事件。甘拉塔勒等人从更为一般的意义上提出，“事故是与系统设计条件具有不可容忍的偏差的事件”。吉雷进一步补充说明了“事故是指任何计划之外的事件，可能引起或不会引起损失或伤害”。还有学者从能量观点出发解释事故，认为事故是能量逸散的结果。

我们可以将事故定义为在生产活动过程中，由于人们受到科学知识和技术力量的限制，或者由于认识上的局限，当前还不能防止，或能防止而未有效控制所发生的违背人们意愿的事件序列。它的发生，可能迫使系统暂时或较长期地中断运行，也可能造成人员伤亡、财产损失、环境破坏，或其中二者、三者同时出现。

7. 隐　　患

从系统安全的角度来看，通常人们所说的隐患包括一切可能对人—机—环境系统带来损害的不安全因素。

隐患指在生产活动过程中，由于人们受到科学知识和技术力量的限制，或者由于认识上的局限，而未能有效控制的有可能引起事故的一种行为(一些行为)、一种状态(一些状态)或二者的结合。隐患是事故发生的必要条件，隐患一旦被识别，就要予以消除。对于受客观条件所限，不能立即消除的隐患，要采取措施降低其危险性或延缓危险性增长的速度，减少其被触发的“几率”。

1.2.2　概念间的相互关系

1. 安全与危险的关系

安全与危险是一对此消彼长、动态发展变化的矛盾双方，它们都是与生产过程共存的连续型过程。描述安全与危险的指标分别是安全性与危险性(风险)，二者存在如下关系：

$$安全性=1-危险性$$

事故与安全是对立的，但事故并不是不安全的全部内容，而只是在安全与不安全一对矛盾斗争过程中某些瞬间突变结果的外在表现。

系统处于安全状态并不一定不发生事故，系统处于不安全状态，也未必完全是由事故引起。

危险不仅包含了作为潜在事故条件的各种隐患，同时还包含了安全与不安全的矛盾激化后表现出来的事故结果。

事故发生，系统不一定处于危险状态，事故不发生，也不能否认系统不处于危险状态，事故不能作为判别系统危险与安全状态的唯一标准。

事故总是发生在操作的现场，总是伴随隐患的发展而发生在生产过程之中，事故是隐患发展的结果，而隐患则是事故发生的必要条件。

2. 安全性与可靠性关系

安全性与可靠性是两个不同但又有密切联系的概念。一般来讲，“安全”表示系统的“完整”与“稳定”状态，安全性是指系统保持这种状态的能力。安全状态被破坏是因为意外事件的发生，即通常讲的“事故”发生，其特征指标是人员伤亡、设备财产损失或环境危害的程度。“可靠”表示系统性能的“保证”与“可信赖”，可靠性是指系统性能“保证”与“可信赖”的能力。可靠状态被破坏是因为自身某些能力的下降或消失，即通常讲的出现“故障”，其特征指标是系统某些性能下降或丧失的程度。

当某个系统的可靠性出现下降，则容易出现故障。当故障出现后，不仅造成系统性能的下降，而且可能会导致事故的发生，即系统安全性下降。反之，当有事故发生时，系统性能会下降或无法运转，此时的事故从可靠性角度讲就是故障。所以有时人们将“事故”与“故障”混用，但一般在安全性研究中用“事故”来描述事件，在可靠性研究中用“故障”来描述事件。

可靠性是指系统、设备、零件等性能在时间上的稳定程度。一般意义上讲的产品故障少，指的就是可靠度高。有时也用来说明人的可靠性，当人不产生差错时，可以认为这个人的可靠性高。一般可靠性高的系统、机器、设备，其安全性就也高。但是可靠并不等于安全，有的产品本身可靠性高，表现为结构坚固、经久耐用，但是在设计上没有考虑安全问题，存在对操作人员造成伤害的危险，其安全性就是低的。安全系统工程的任务，不仅要提高系统的可靠性，同时还要提高系统的安全性。

从分析方法上看，有众多的安全性与可靠性分析方法属于同一范畴，例如，故障模式、影响及其危害性分析、故障树分析、人因工程等；但两者又各有其特有的专用分析方法，如可靠性工程中的维修性分析、权衡分析、共因故障分析等，安全性分析中的危险源分析、危险性预先分析等。

1.2.3　安全问题的基本特性

作为伴随生产而存在的安全问题，对于所有的技术系统都具有普遍的意义，交通运输系统也不例外。安全问题的基本特性主要表现在以下几个方面。

1. 安全的系统性

安全涉及系统的各个方面，包括人员、设备、环境等因素，而这些因素又涉及经济、政治、科技、教育和管理等许多方面。特别对于像铁路运输这样的开放性系统，安全既受系统内部因素的制约，也受到系统外部环境的干扰。而安全的恶化状态，即事故，不仅可能造成系统内部的损害，而且可能造成系统外部环境的损害。因此，研究和解决安全问题应从系统观点出发，运用系统工程的方法，进行综合治理。

2. 安全的相对性

凡是人类从事的生产活动，都有安全问题，所不同的只是发生事故的可能性有大有小，危害程度有轻有重而已。安全的相对性表现在三个方面，首先，绝对安全的状态是不存在的，系统的安全是相对于危险而言的；其次，安全标准是相对于人的认识和社会经济的承受能力而言，抛开社会环境讨论安全是不现实的；再次，人的认识是无限发展的，对安全机理和运行机制的认识也在不断深化，即安全对于人的认识而言具有相对性。由安全的相对性可知，各种生产和生活活动过程中事故或危害事件是可以避免的，但难以完全避免；各种事故或危害事件的不良作用、后果及影响可能避免，但难以完全避免。但是，事故是可以预防的，可以利用安全系统工程的原理和技术，预先发现、鉴别、判明各种隐患，并采取安全对策，从而防患于未然。

3. 安全的依附性

安全是依附于生产而存在的，它不可能脱离具体的生产过程而独立存在，只要存在生产活动，就会出现安全问题。另外，安全是生产的前提和保障，安全工作搞得不好，生产便无法顺利进行。因此，需要经常持久地抓好安全工作。

4. 安全的间接效益性

要保证生产安全必须在人员、设备、环境和管理方面有相应适时的安全投入，但安全投入所产生的经济和社会效益却是间接的、无形的，难以定量计算。因此，安全投入往往被忽视，只有发生了事故造成了损失之后才会意识到安全投入的必要性和重要性。事实上，安全的效益除了减少事故的直接和间接经济损失外，更重要的是在提高人员素质、改进设备性能、改善环境质量和加强生产管理等方面所创造的积极的经济和社会效益。

5. 安全的长期性和艰巨性

人对安全的认识在时间上往往是滞后的，很难预先完全认识到系统存在和面临的各种危险，而且即使认识到了，有时也会由于受到当时技术条件的限制而无法予以控制。随着技术进步和社会发展，旧的安全问题解决了，新的安全问题又会产生。所以,安全工作是一个长期的过程,必须坚持不懈,始终如一地努力。

1.3　安全基本理论

1.3.1　单因素事故致因理论

单因素事故致因理论的基本观点是:事故是由单一因素(因素是指人或环境的某种特性)引起的,其代表性理论主要是事故倾向性理论。

1919年,英国的格林伍德(Greenwood)和伍兹(Woods)对许多工厂里的伤亡事故发生的次数和有关数据,按不同的统计分布(偏倚分布、泊松分布和非均等分布)进行统计检验,发现工人中的某些人较其他工人更容易发生事故。后经1926年纽伯尔德(Newboid)以及1939年法默(Farmer)等人研究,逐渐演化成事故倾向性理论(Accident Proneness Theory)。所谓事故频发倾向,是指个人容易发生事故的、稳定的、个人的、内在的倾向。根据这种观点,事故频发倾向是由个人内在因素决定的,并且长时间不会变化的、容易发生事故的倾向,即有些人的本性就是容易发生事故。因此,减少事故的手段主要体现在两个方面,一方面通过严格的生理、心理检验等,从众多的求职人员中选择身体、智力、性格特征及动作特征等方面优秀的人才就业;另一方面一旦出现事故频发倾向者则将其解雇。

事故倾向性理论是早期的事故致因理论,它只确认了事故原因的一个侧面,并且只提出单一的补救措施。19世纪末20世纪初,差别心理学盛行,事故倾向性理论正是在这一背景下形成的,并曾在安全管理界产生重大影响长达半个世纪之久,被许多西方工业界作为招聘、安排职业、进行安全管理的理论依据。但这一理论存在的最大的弱点是过分强调了人的个性特征在事故中的影响,把工业事故的原因归因于少数事故倾向者,而且它不能解释为何在同等危险暴露情况下,人们受伤害的概率却不相等。

1.3.2　事故因果连锁理论

事故因果连锁理论的基本观点是:事故是由一连串因素以因果关系依次发生,就如链式反应的结果。其代表性理论主要有:海因里希事故因果连锁理论、博德事故因果连锁理论和亚当斯事故因果连锁理论。此处主要介绍海因里希事故因果连锁理论。

1936年海因里希(Heinrich)对当时美国工业安全实际经验做了总结、概括,上升为理论,提出了“工业安全公理”,出版了流传全世界的《工业事故预防》一书,在该书中阐述了工业事故发生的因果连锁理论。该理论的核心思想是:伤亡事故的发生不是一个孤立的事件,而是一系列原因事件相继发生的结果。海因里希提出了“事件链”这一重要概念,即伤害与各原因相互之间具有连锁关系。海因里希认为事故连锁过程受以下五个因素的影响:

(1)遗传及社会环境。遗传及社会环境是造成人的缺点的原因。遗传因素可能使人具有鲁莽、固执、粗心等不良性格;社会环境可能妨碍人的安全素质培养,助长不良性格的发展。这种因素是因果链上最基本的因素。

(2)人的缺点。包括鲁莽、固执、过激、神经质、轻率个体等性格上的先天缺点,以及缺乏安全生产知识和技术等后天缺点。

(3)人的不安全行为或物的不安全状态。是指那些曾经引起过事故,可能再次引起事故的人的行为或机械、物质的状态,它们是造成事故的直接原因。

(4)事故。即由于人、物或环境的作用或反作用,使人员受到伤害或可能受到伤害、出乎意料的、失去控制的事件。

(5)伤害。即直接由事故产生的财产损害或人身伤害。

海因里希提出了多米诺骨牌理论,用五块骨牌形象地描述这种因果关系,如图 1-7 所示。在骨牌系列中,第一颗骨牌被碰倒了,会发生连锁反应,其余的几颗骨牌相继被碰倒。如果移去中间的一颗骨牌,则连锁被破坏,事故过程被中止。海因里希认为,企业安全工作的中心是防止人的不安全行为,消除机械的或物质的不安全状态,中断事故的进程以避免事故的发生。控制事故的方法也必须针对人的失误,移去中间因素,使系统中断,令前级因素失去作用。

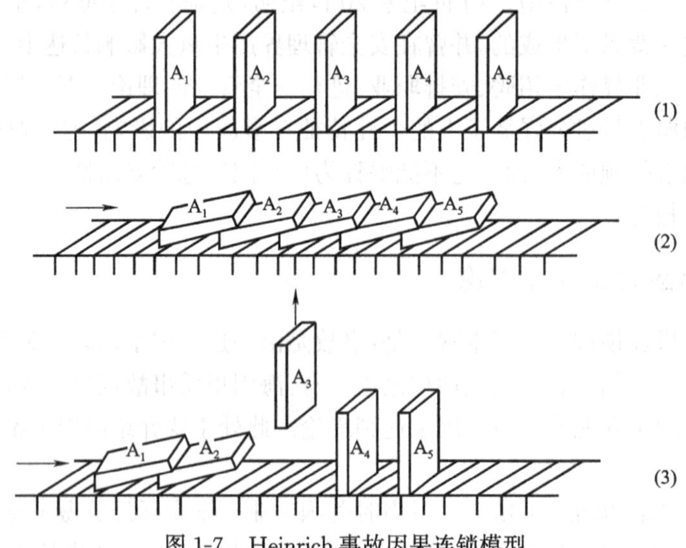

图 1-7 Heinrich 事故因果连锁模型

美国前国际损失控制研究所所长小弗兰克·博德(Frank Bird)在海因里希事故因果连锁理论的基础上,提出了现代事故因果连锁理论。博德认为,尽管人的不安全行为和物的不安全状态是导致事故的重要原因,但认真追究,却不过是其背后原因的征兆,是一种表面现象。他认为事故的根本原因是管理失误。

英国伦敦大学亚当斯(John Adams)教授提出了一种与博德事故因果连锁理论相类似的因果连锁模型。亚当斯将人的不安全行为和物的不安全状态称作现场失误,其目的在于提醒人们注意不安全行为和不安全状态的性质。亚当斯理论的核心在于对造成现场失误的管理原因进行了深入研究,认为操作者的现场失误是由于企业领导者及安全工作人员的管理失误造成的。

海因里希理论不仅确立了事故致因的事件链概念,开创性地用骨牌形象、直观地描述了事故发生的因果关系,而且提出了抽除一张牌,即可破除事故链而达到防止事故发生的诱人思路。这一理论是事故研究科学化的先导,具有重要的历史地位,在实际的安全管理中广泛应用。但该理论把人的不安全行为和物的不安全状态的产生原因完全归因于人的缺点,进而追究人的遗传因素和社会环境方面的问题,表现出了认识的局限性。随后的几种事故致因理论,在不同程度上对海因里希的事故因果连锁理论的缺陷和不足作了补充。博德将事故的根本原因确定为管理失误,即管理方面的控制不足。亚当斯则进一步研究了管理失误的个人因素和组织因素,从而使事故的归因研究,从追究个人原因和责任转向对组织中管理缺陷的探索,使这一因果链模型得到进一步发展。

事故发生有其自身的发展规律和特点,只有掌握了事故发生的规律,才能保证安全生产系统处于安全状态。

1.3.3　瑟利人因系统理论方法

瑟利人因系统理论方法的焦点集中于人与其工作任务间相互关系的细节,要说明在这种相互作用中的心理逻辑过程,最重要的是与感觉、记忆、理解、决策有关的过程,并要辨识事故将要发生时的状态特征。

1. S-O-R 人的因素模型

1969 年瑟利(Surry)提出了一个事故模型,它包括两组问题(危险构成和显现危险的紧急时期),每组问题共有三个心理学成分:对事件的感知(刺激,S)、对事件的理解(内部响应、认识活动,O)、对事件的行为响应(输出,R)。该模型以人对信息的处理过程为基础描述事故发生因果关系,被称为瑟利事故模型(Surry's Accident Mode),如图 1-8 所示。

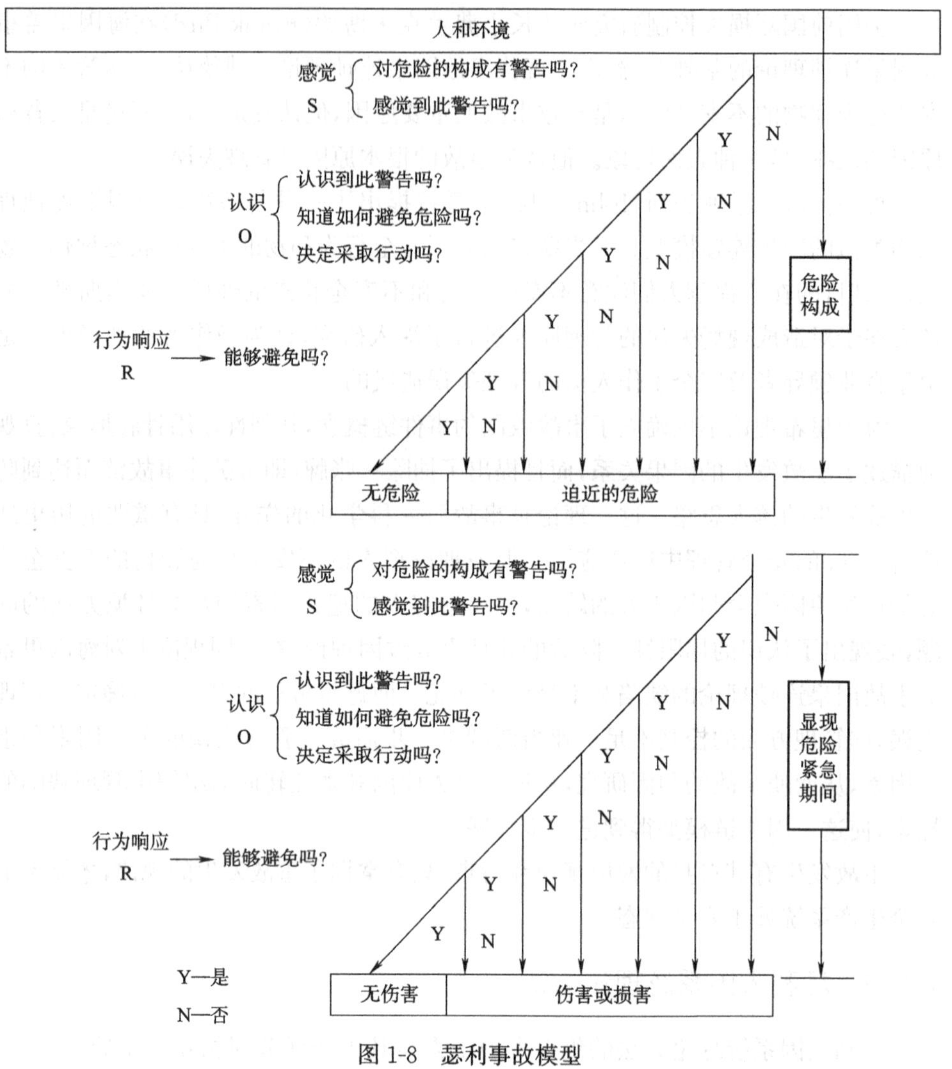

图 1-8 瑟利事故模型

第一组问题关系到危险的构成,以及与此危险相关的感觉的认识和行为的响应。如果人的信息处理的每个环节都正确,危险就能被消除或得到控制;反之,只要任何一个环节出现问题,就会使操作者直接面临危险。第二组关系到危险释放期间的 S-O-R 响应。如果人的信息处理过程的各个环节都是正确的,则虽然面临着已经显现出来的危险,但仍然可以避免危险释放出来,不会带来伤害或损害;反之,只要任何一个环节出错,危险就会转化成伤害或损害。

2. 操作过程与 S-O-R 人因素模型的综合

1978 年安德森等在分析 60 起工伤事故中应用了瑟利模型,发现其存在一定的缺陷。安德森等人认为，瑟利模型虽然清楚地处理了操作者的问题，但未涉及机械及其周围环境的运行过程。于是，他们对瑟利模型作了扩展，在瑟利模型之上增加一组前提步骤，即有关危险线索的来源及可考察性，运行系统内的波动(变异性)，以及控制和减少这些波动与人的操作的行为波动相一致。这一扩展使瑟利模型变得更为有用和协调。安德森对瑟利模型的整补始于可控制系统，如图 1-9 所示。

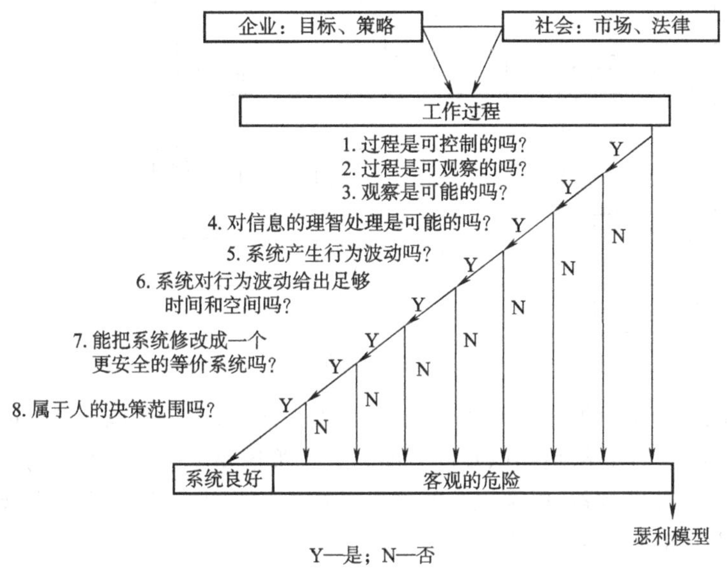

图 1-9　安德森对瑟利模型的整补

3. 海尔(Hale)模型

1970 年海尔研究认为，当人们对事件的真实情况不能做出适当响应时，事故就会发生，但并不一定造成伤害。海尔的模型集中于操作者与运行系统的相互作用，是一个闭环反馈系统，主要分为下列四个部分：察觉情况、接受信息，处理信息，操作者用行动改变形势，新的察觉、处理与响应，如图 1-10 所示。

信息包括操作者在运行系统中收到的信息。这种信息可能由于机械故障而不正确，也会因为视听不佳而察觉不到，即不完整的信息，这两种情况都可能导致行动失误。预期的信息指经常指导对信息收集和选择的预测。就预测指导感觉而言，可能发生两种类型的失误，一是操作者感觉上的失误，二是对危险征兆没有察觉。另外，负担过重、有压力、疲劳或药物的不良影响，都有可能使操作者对收集信息的注意力削弱，以致不能对危险保持警惕。

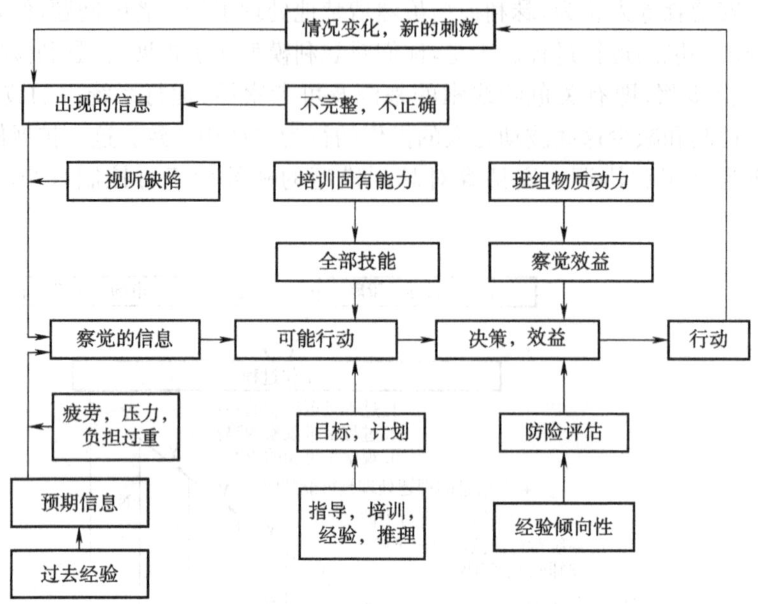

图 1-10　海尔模型

行为的决策是根据觉察到的信息，经过处理之后，决定采取行动。能否采取正确的行动，取决于指导、培训以及固有能力。决策还要考虑经济效益、社会效益，包括生产班组集体的利益，以及原有的经验及由此而产生的对危险的主观评价。其中认识、理解和决策均属于中枢处理，接着便是行动输出（行为响应）。行动输出之后系统会发生变化，使操作者根据新的情况返回到模型的信息阶段，如此循环往复，在系统的反馈环中关键是要发挥监察和检测的功能。

1.3.4　轨迹交叉理论

20 世纪 60 年代末 70 年代初，日本劳动省调查分析了 50 万起事故的形成过程，总结出从人的系列分析，只有约 4%的事故与人的不安全行为无关；从物的系列分析，只有约 9%的事故与物的不安全状态无关。这些统计数字表明，大多数伤害事故的发生，既与人的不安全行为，也与物的不安全状态相关。在此基础上，日本劳动省提出了“轨迹交叉理论”（Orbit Intersecting Theory），并构建了系列模型来描述这一理论，如图 1-11 所示。

轨迹交叉理论基本思想是：伤害事故是许多相互关联的事件顺序发展的结果。这些事件概括起来不外乎人和物两个发展系列，当人的不安全行为和物的不安全状态在各自发展过程中（轨迹），在一定时间、空间上发生了接触（交叉），能量“逆流”于人体时，伤害事故就会发生。而人的不安全行为和物的不安全状态之所以产生和发展，又是受多种因素作用的结果。多数情况下，在直接原因的背后，往往存在着企业经营者、监督管理者在安全管理上的缺陷，这是造成事故的本质原因。如图 1-11 所示，起因物与施害物可能是不同的物体，也可能是同一个物体，同样，肇事者与受害者可能是不同的人，也可能是同一个人。

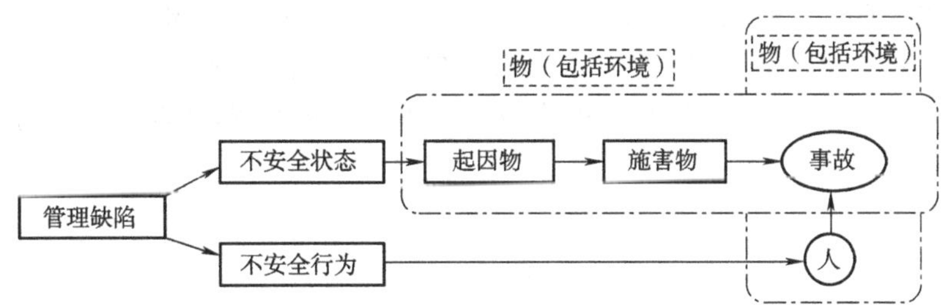

图 1-11　轨迹交叉理论模型

受轨迹交叉理论模型启发，预防事故可以从防止人、物运动轨迹的交叉，控制人的不安全行为和控制物的不安全状态三个方面来考虑。

由于研究重点侧重于人的因素，并没有将物（主要指电网设备）的不安全状态考虑在内。事实上由设备原因而导致电网事故，是比较常见的，但必须引起注意的是在电网运行中发生人因事故，很多时候并没有出现人、物运动轨迹的交叉，也就是轨迹交叉理论存在着盲点。如在变电所运行人员误操作中，基本物（电网设备）都处于安全状态，但由于人的行为不当，最后直接造成电网事故。

事故致因理论和人因分析理论是人类安全实践深入的结果，并伴随着实践的发展而发展。从前人的努力中，可以得到以下基本启示：

第一，导致事故产生的原因是复杂的。众多的事故致因理论同时存在，而没有一个统一的可以解释所有事故的模型和理论，充分说明了事故产生原因的复杂性。这一结论说明了运用科学理论和科学方法对不同领域的安全问题进行具体研究是有必要和有价值的。

第二，导致事故产生的原因是有规律可循的。事故的发生原因虽然复杂，但其中无外乎于人、机、环境和管理这四个要素。其中按照人因分析理论，人的因素是主要因素。抓住“人”这一最主要因素，围绕“人”来开展轨道交通运行安全研究，就抓住了安全矛盾的主要方面，因为安全问题有规律可循，就有可能得出轨道交通安全运行中有规律性的结论。

研究者可以从个体、群体、组织三个层次去探寻与人相关的不安全因素。从人因分析理论中可以看到众多的学者对人因进行了深入研究，提供了不少有价值的参考。人因研究的发展过程就是从注重个体研究到注重组织研究的过程。

本章小结

本章介绍了城市轨道交通的分类，归纳总结了城市轨道交通运营安全概念群，梳理了概念群之间的相互关系，提出安全问题的基本特性，并阐述了单因素事故致因理论、事故因果连锁理论、瑟利人因系统理论方法、轨迹交叉理论等经典安全理论，使读者对轨道交通运营安全相关知识有所学习和掌握，为接下来的学习打下基础。

思考题

(1)阐述何为安全。

(2)阐述什么是隐患，什么是事故，并说明隐患与事故的关系。

第2章　基于事故树分析法的城市轨道交通安全分析方法

本章将通过事故树模型，以城市轨道交通火灾发生的起因为例做逻辑探讨，寻找引发城市轨道交通火灾最基本的因素，从而从基础入手，以便找到有效预防轨道交通火灾的方法，提高城市轨道交通运营的安全性和可靠性。

2.1　事件树分析法

1. 事件树分析法的定义

事件树分析法是从一个初始事件开始，按顺序分析事件向前发展中各个环节成功与失败的过程和结果。

事故树分析是一种时序逻辑的事故分析方法，它以一初始事件为起点，按照事故的发展顺序，分成阶段，一步一步地进行分析，每一事件可能的后续事件只能取完全对立的两种状态（成功或失败，正常或故障，安全或危险等）之一的原则，逐步向结果方面发展，直到达到系统故障或事故为止。所分析的情况用树枝状，如图2-1所示，故叫事件树。

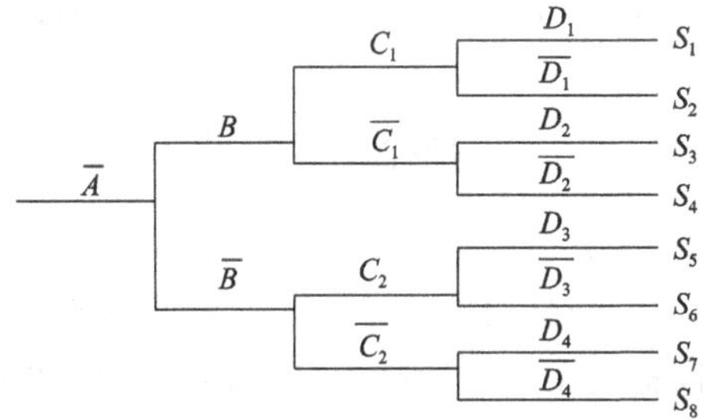

图2-1　事件树的一般形式

2. 分析步骤

（1）确定初始事件；

（2）找出与初始事件有关的环节事件；

（3）画事件树；

（4）说明分析结果。

事件树定性分析在绘制事件树的过程中就已进行，在绘制事件树的过程中已对每一发展过程和事件发展的途径作了可能性的分析。通过事件树分析可以实现：

（1）找出事故连锁；

(2)找出预防事故发生的途径。

例:火车上有易燃品引起火灾的事件树,如图 2-2 所示。

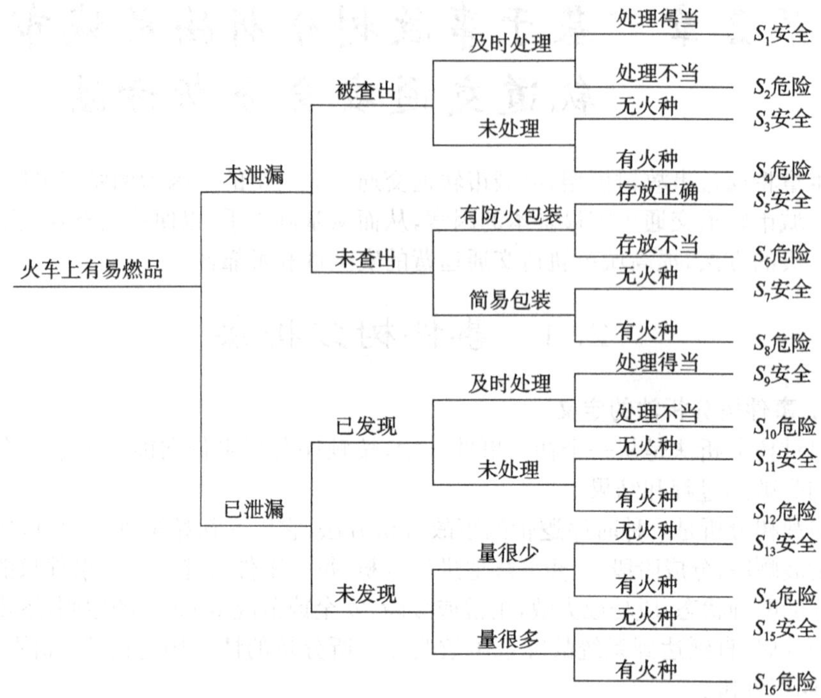

图 2-2　火车上有易燃品引起火灾的事件树

2.2　事故树分析法

1. 事故树分析法的定义

事故树分析法是一种演绎推理法,把系统可能发生的某种事故与导致事故发生的各种原因之间的逻辑关系用一种称为事故树的树形图表示,通过对事故树的定性与定量分析,找出事故发生的主要原因,为确定安全对策提供可靠依据,以达到预测与预防事故发生的目的。

2. 事故树分析法的发展

事故树分析法起源于故障树分析(简称 FTA),是安全系统工程的重要分析方法之一,它能对各种系统的危险性进行辨识和评价,不仅能分析出发生事故的直接原因,而且能深入地揭示出发生事故的潜在原因。用它描述事故的因果关系直观、明了,思路清晰,逻辑性强,既可定性分析,又可定量分析。

20 世纪 60 年代初期,很多高新产品在研制过程中,因对系统的可靠性、安全性研究不够,新产品在没有确保安全的情况下就投入市场,造成大量使用事故的发生,用户纷纷要求厂家进行经济赔偿，从而迫使企业去寻找一种科学方法确保安全。

事故树分析法首先由美国贝尔电话研究所于1961年为研究民兵式导弹发射控制系统时提出来，1974年美国原子能委员会运用FTA对核电站事故进行了风险评价，发表了著名的《拉姆逊报告》。该报告对事故树分析法做了大规模有效的应用。此后，在社会各界引起了极大的反响，受到了广泛的重视，从而迅速在许多国家和企业应用和推广。我国开展事故树分析法的研究是从1978年开始的，目前已有很多部门和企业已进行普及和推广，并取得一大批成果，促进了企业的安全生产。20世纪80年代末，铁路运输系统开始把事故树分析法应用到安全生产和劳动保护上来，也已取得了较好的效果。

3. 事故树分析法的特点

(1)逻辑性。事故树分析是通过图形的演绎方法来反映事故事件在一定条件下的逻辑推理。它可以围绕某个特定的事故进行层层深入分析，因而在清晰的事故树图形下，表达了系统内各事件间的联系，并指出单元故障之间的逻辑关系，便于找到系统的弱点。

(2)灵活性。事故树不仅可以分析某些单元故障对系统的影响，还可以对导致系统事故的特殊原因进行分析。

(3)定量性。利用事故树模型可以定量计算复杂系统发生事故的概率，为改善和评价系统安全性提供了依据。

(4)深入性。通过对事故树的层层深入研究，分析人员可以把握系统内各种要素的内在关系，弄清各种潜在因素对事故发生影响的程度和途径，有许多曾经没有想到的因素会在分析的过程被挖掘出来，保障了系统的安全性。

(5)事故树的符号及意义

事故树是由各种符号和其连接的逻辑门组成的(表2-1)。最简单、基本的符号有：顶上事件或中间事件、基本事件、省略事件、正常事件、与门、或门、条件与门、条件或门、限制门、转入符号、转出符号。

表2-1　事故树的符号及意义

种类	符号	名称	意义
事件符号	▭	顶事件或中间事件	表示由许多其他事件相互作用而引起的事件，这些事件都可进一步往下分析，处在事故树的顶端或中间
	○	基本事件	事故树最基本的原因事件，不能继续往下分析，处在事故树的底端
	◇	省略事件	由于缺乏资料不能进一步展开或不愿继续分析而有意忽略的事件，也处在事故树的底端
	⌂	正常事件	正常情况下应该发生的事件，位于事故树的底部

续上表

种类	符号	名称	意义
逻辑门符号	&	与门	表示下面的输入事件都发生，上面输出事件才能发生
	≥1	或门	表示下面输入事件只要有一个发生，就会引起上面输出事件发生
	& α	条件与门	输入事件发生同时满足条件 α 也发生，上面输出事件就会发生
	≥1 α	条件或门	任何一个输出事件发生同时满足条件 α 也发生，上面输出事件就会发生
	α	限制门	下面一个输出事件发生同时满足条件 α 也发生，输出事件就会发生
转移符号		转入符号	表示此处和有相同字母或字数的转入符号相连接
		转出符号	表示此处和有相同字母或字数的转出符号相连接

2.3 事故树分析的基本步骤

1. 熟悉分析系统

首先要详细了解所要分析的对象，包括工艺流程、设备构造、操作条件、环境状况及控制系统和安全装置等，同时还可广泛搜集同类系统发生过的事故。在调查事故时尽量做到全面，不仅要掌握本单位的事故情况，还要了解同行业类似系统或设备以及国外相关事故资料，以便确定所要分析的事故类型都含有哪些内容，供编事故树时进行危险因素分析。

2. 确定分析对象系统和要分析的对象事件(顶事件)

通过试验分析、事故树分析和故障类型和影响分析确定顶上事件(何时、何地、何类);明确对象系统的边界、分析深度、初始条件、前提条件和不考虑条件。熟悉系统并收集相关资料(工艺、设备、操作、环境、事故等方面的情况和资料)。

3. 确定分析的边界

在分析之前要明确分析的范围和边界,系统内包含哪些内容。特别是石油化工生产过程都是连续化、大型化,各工序、设备之间相互连接,如不划定界限,得到的事故树会很庞大。

4. 确定事故发生概率

确定系统事故发生概率、事故损失的安全目标值。

5. 调查原因事件

顶事件确定之后,就要分析与之有关的各种原因事件,也就是找出系统的所有潜在危险因素的薄弱环节,包括设备元件等硬件故障、软件故障、人为差错以及环境因素。凡与事故有关的原因都找出来,作为事故树的原因事件。原因事件定义也要确切,简单扼要说明故障类型及发生条件,不能含糊不清。

6. 确定不予考虑的事件

与事故有关的原因各种各样,但有些原因根本不可能发生或发生机会很少,如导线故障、雷电、飓风、龙卷风等,编事故树时一般不予考虑,但要事先说明。

7. 确定分析的深度

在分析原因事件时,要分析到哪一层为止,需事先确定。分析得太浅,可能发生遗漏;分析得太深,则事故树就会过于庞大烦琐。具体深度应视分析对象而定。

8. 编制事故树

从顶上事件起,一级一级往下找出所有原因事件直到最基本的事件为止,按其逻辑关系画出事故树。每个顶上事件对应一株事故树。

9. 定性分析

按事故树结构进行简化,求出最小割集和最小径集,确定各基本事件的结构重要度。

10. 定量分析

找出各基本事件的发生概率,计算出顶上事件的发生概率,求出概率重要度和临界重要度。

11. 结　　论

当事故发生概率超过预定目标值时,从最小割集着手研究降低事故发生概率的所有可能方案,利用最小径集找出消除事故的最佳方案;通过重要度(重要系数)分析确定采取对策措施的重点和先后顺序;从而得出分析、评价的结论,如图2-3所示。

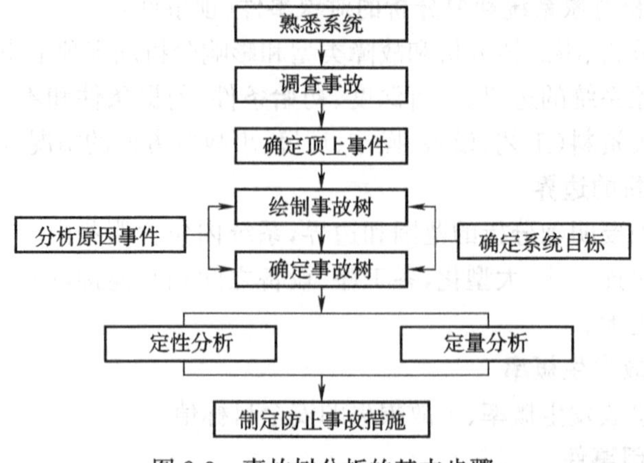

图 2-3　事故树分析的基本步骤

2.4　事故树分析法中的布尔代数规律

1. 结合律

$$(A+B)+C=A+(B+C)$$
$$(A\cdot B)\cdot C=A\cdot(B\cdot C)$$

2. 等幂律

$$A+A=A$$
$$A\cdot A=A$$

3. 交换律

$$A+B=B+A$$
$$A\cdot B=B\cdot A$$

4. 吸收率

$$A+A\cdot B=A$$
$$A\cdot(A+B)=A$$

5. 分配律

$$A\cdot(B+C)=A\cdot B+A\cdot C\quad A+(B\cdot C)=(A+B)\cdot(A+C)$$

6. 互补律

$$A+A'=\Omega$$
$$A\cdot A'=\Phi$$

例:请利用布尔代数简化事故树。

设顶上事件为 T,基本事件 x_1,x_2,x_3,若其发生概率分别为:$q_1=q_2=q_3=$

0.1，试求顶上事件的发生概率。

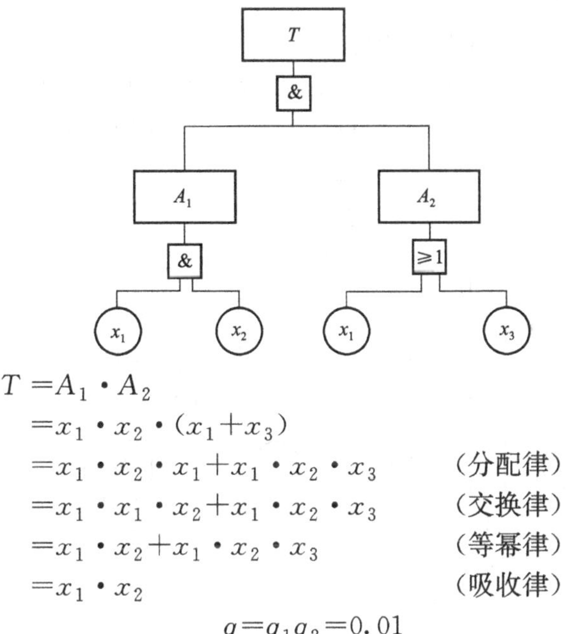

$$
\begin{aligned}
T &= A_1 \cdot A_2 \\
&= x_1 \cdot x_2 \cdot (x_1 + x_3) \\
&= x_1 \cdot x_2 \cdot x_1 + x_1 \cdot x_2 \cdot x_3 && \text{（分配律）} \\
&= x_1 \cdot x_1 \cdot x_2 + x_1 \cdot x_2 \cdot x_3 && \text{（交换律）} \\
&= x_1 \cdot x_2 + x_1 \cdot x_2 \cdot x_3 && \text{（等幂律）} \\
&= x_1 \cdot x_2 && \text{（吸收律）}
\end{aligned}
$$

$$q = q_1 q_2 = 0.01$$

如果x_1、x_2发生，则不管x_3是否发生。顶上事件都必然发生。然而，当x_3发生时，要使顶上事件发生，必须要有x_1、x_2发生做条件。因此，x_3是多余的，T的发生仅依靠x_1和x_2。

2.5　事故树定性分析

事故树的定性分析主要包括：事故树的割集与最小割集、径集与最小径集、最小割集和最小径集在事故树分析中的作用等。

1. 割　　集

在事故树分析中，把引起顶事件发生的基本事件的集合称为割集，也称截集或截止集。在这些割集中，凡不包含其他割集的，叫作最小割集。

如果割集中任意去掉一个基本事件后就不是割集，那么这样的割集就是最小割集。

2. 最小割集

导致顶事件发生的不包含其他割集的基本事件集合叫最小割集，最小割集是引起顶事件发生的充分必要条件。

最小割集的求法有多种，布尔代数法最为简单，应用较为普遍。布尔代数化简法也叫逻辑化简法，逻辑代数运算的法则很多，有的和代数运算法则一致，有的不一致，主要有交换律、结合律、分配律、等幂律、吸收律等。根据求得的最小割集，可画出事故树的等效树。

一般使用布尔代数法求最小割集。

按事故树的结构，由顶事件开始，由上至下逐次用下一层事件代替上一层事件，写出该事故树以基本事件表示的布尔代数公式(结构函数)，如图 2-4 所示。

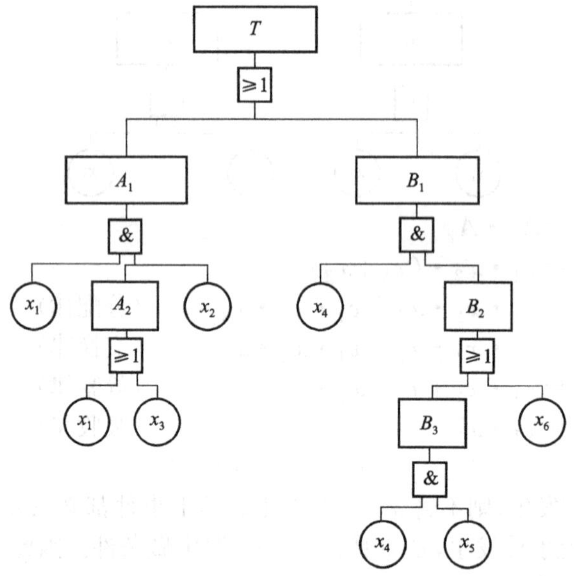

图 2-4 事故树

$$
\begin{aligned}
T &= A_1 + B_1 \\
&= x_1 A_1 x_2 + x_4 (B_3 + x_6) \\
&= x_1 (x_1 + x_3) x_2 + x_4 (x_4 \cdot x_5 + x_6)
\end{aligned}
$$

运用布尔代数运算规则，对上式进行简化，求出最小割集，画出等效树(图 2-5)。

$$T = x_1 \cdot x_2 + x_4 \cdot x_5 + x_4 \cdot x_6$$

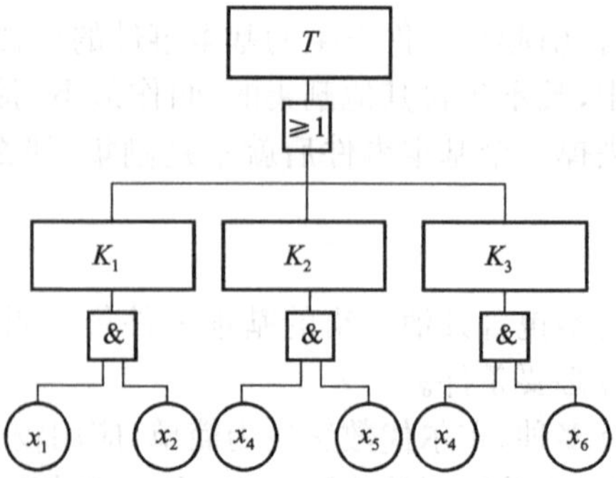

图 2-5 等效树

3. 径集与最小径集

在事故树中，使顶事件不发生的基本事件的集合称为径集，也称通集或路集。在同一事故树中，不包含其他径集的径集称为最小径集。

如果径集中任意去掉一个基本事件后就不再是径集，那么该径集就是最小径集。所以，最小径集是保证顶事件不发生的充分必要条件。

事故树的对偶树是成功树，成功树是顶事件不发生的树。求事故树最小径集的方法是：

首先将事故树变换成其对偶的成功树，然后求出成功树的最小割集，即是事故树的最小径集。

将事故树变为成功树的方法：就是将原来事故树中的逻辑与门改成逻辑或门，将逻辑或门改为逻辑与门，便可得到与原事故树对偶的成功树，如图 2-6 所示。

最小径集是不引起顶端事件发生的最低限度的基本事件的集合。

最小径集的求法：将事故树中的与门改为或门，或门改为与门。

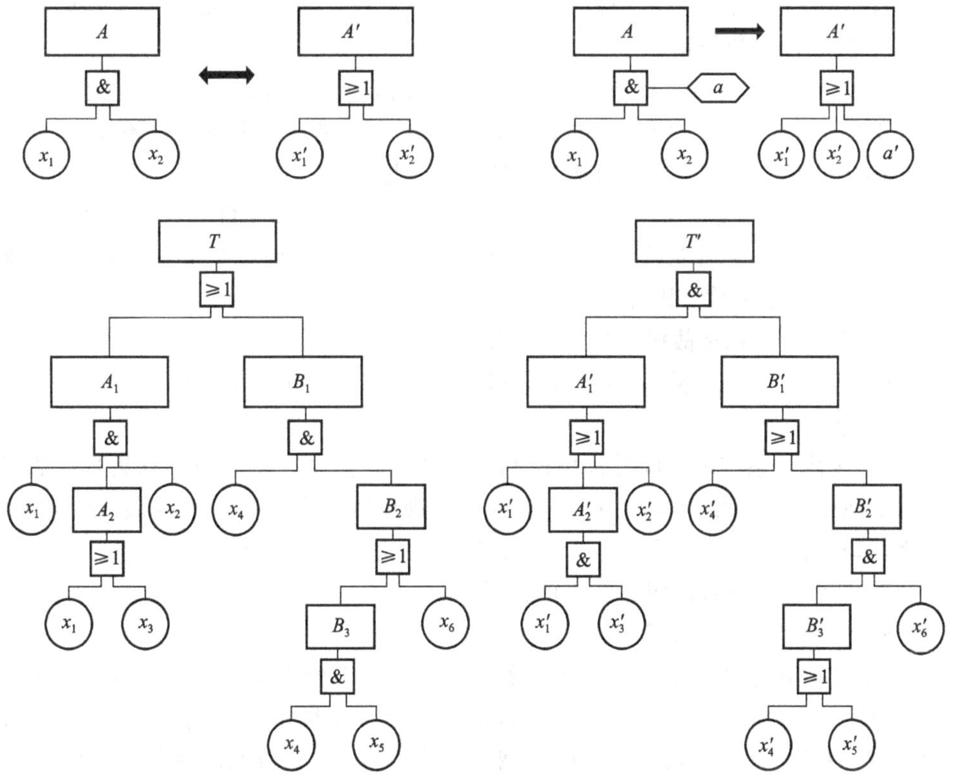

图 2-6　事故树与成功树的转换

$$\begin{aligned}T' &= A'_1 \cdot B'_1 \\ &= (x'_1 + A'_2 + x'_2)(x'_4 + B'_2) \\ &= (x'_1 + x'_1 \cdot x'_3 + x'_2)(x'_4 + B'_3 \cdot x'_6) \\ &= x'_1 \cdot x'_4 + x'_1 \cdot x'_5 \cdot x'_6 + x'_2 \cdot x'_4 + x'_2 \cdot x'_5 \cdot x'_6\end{aligned}$$

4. 最小割集的作用

最小割集表示系统的危险性，每个最小割集都是顶事件发生的一种可能渠道，最小割集的数目越多，危险性越大。事故的发生必然是某个最小割集中几个事件同时存在的结果。求出事故树全部最小割集，就可掌握事故发生的各种可能，对掌握事故的规律，查明事故的原因提供帮助。一个最小割集代表一种事故模式，根据最小割集，可以发现系统中最薄弱的环节，直观判断出哪种模式最危险，哪些次之，以及如何采取预防措施。

由于一个基本事件发生的概率比两个基本事件同时发生的概率要大得多，比三个基本事件的同时发生的概率更大，因此，最小割集含有的基本事件越少，发生顶事件就越有可能，也即故障模式危险性大，只有一个基本事件的割集最危险。

5. 最小径集的作用

在事故树当中，当所有基本事件都不发生时，顶事件肯定不会发生。然而，顶事件不发生常常不要求所有基本事件都不发生，而只要某些基本事件不发生，顶事件就不会发生。这些不发生的基本事件的集合称为径集。

最小径集又称最小通集。在事故树中凡是不能导致顶事件发生的最低限度的基本事件的集合，称作最小径集。在最小径集中，去掉任何一个基本事件，便不能保证一定不发生事故。因此最小径集表达了系统的安全性。

6. 最小割集在事故树分析中的作用

(1)表示系统的危险性，最小割集越多，说明系统的危险性越大。

(2)表示顶事件发生的原因组合。

(3)为降低系统的危险性提出控制方向和预防措施。每个最小割集都代表了一种事故模式。由事故树的最小割集可以直观地判断哪种事故模式最危险，哪种次之，哪种可以忽略，以及如何采取措施使事故发生概率下降。

7. 最小径集在事故树分析中的作用

(1)表示了系统的安全性。

(2)选取确保系统安全的最佳方案。每一个最小径集都是防止顶事件发生的一个方案，可以根据最小径集中所包含的基本事件个数的多少、技术上的难易程度、耗费的时间以及投入的资金数量，来选择最经济、最有效地控制事故的方案。

(3)利用最小径集同样可以判定事故树中基本事件的结构重要度和计算顶事件发生的概率。

事故树中或门越多，得到的最小割集就越多，这个系统也就越不安全。对于这样的事故树最好从求最小径集着手，找出包含基本事件较多的最小径集，然后设法减少其基本事件数，或者增加最小径集数，以提高系统的安全程度。

事故树中与门越多，得到的最小割集的个数就少，这个系统的安全性就越高。对于这样的事故树最好从求最小割集着手，找出少事件的最小割集，消除它或者设法增加它的基本事件数，以进一步提高系统的安全性。

系统安全性改善途径：

(1)减少最小割集数，首先应消除那些含基本事件最少的割集；

(2)增加割集中的基本事件数，首先应给含基本事件少、又不能清除的割集增加基本事件；

(3)增加新的最小径集，也可以设法将原有含基本事件较多的径集分成两个或多个径集；

(4)减少径集中的基本事件数，首先应着眼于减少含基本事件多的径集。

2.6　基本事件的重要度

事故树中各基本事件的发生对顶事件的发生有着不同程度的影响，这种影响主要取决于两个因素，即各基本事件发生概率的大小以及各基本事件在事故树模型结构中处于何种位置。为了明确最易导致顶事件发生的事件，以便分出轻重缓急采取有效措施，控制事故的发生，必须对基本事件进行重要度分析。

重要度分析主要包括：基本事件的结构重要度、基本事件的概率重要度、基本事件的临界重要度。

1. 基本事件的结构重要度

(1)基本事件的结构重要度分析

结构重要度分析，就是不考虑基本事件发生的概率是多少，仅从事故树结构上分析各基本事件发生对顶事件的影响程度。主要有两种计算方法：

①公式法

$$I_{\phi}(i)=\frac{1}{2^{n-1}}\sum_{p=1}^{2^{n-1}}[\phi(1_i,X_{jp})-\phi(0_i,X_{jp})] \tag{2-1}$$

式中　n——事故树中基本事件的个数；

2^{n-1}——基本事件 $X_i(i\neq j)$ 状态组合；

p——基本事件的状态组合序号；

X_{jp}——2^{n-1} 状态组合中第 p 个状态；

0_i——基本事件 X_i 不发生的状态值；

1_i——基本事件 X_i 发生的状态值。

事故树是由众多基本事件构成的，这些基本事件对顶上事件均产生影响，但影响程度是不同的，在制定安全防范措施时必须排列出先后次序，轻重缓急，以便使系统达到经济、有效、安全的目的。

②基于最小割集的重要度分析方法

确定方法有很多，如基本事件的结构重要度系数、基本事件的割集重要度系数、用最小割集或最小径集进行结构重要度分析等，本节介绍基于最小割集的重要度分析方法。

(2)定性判断基本事件的结构重要度准则

①仅在同一最小割集中出现的所有基本事件结构重要度相等。

②单事件最小割集中的基本事件结构重要度最大。

③两个基本事件仅出现在基本事件个数相等的若干最小割集中，这时在不同最小割集中出现次数相等的基本事件其结构重要度相等；出现次数多的结构重要度大，出现次数少的结构重要度小。

④两个基本事件出现在基本事件个数不等的若干最小割集中，基本事件结构重要度大小依不同条件而定：若它们重复在各最小割集中出现的次数相等，则少事件最小割集中出现的基本事件结构重要度大。

基本事件的发生概率包括系统的单元(部件或元件)故障概率及人的失误概率等，在工程上计算时，往往用基本事件发生的频率来代替其概率值。

(3)最小割集法

当给定了事故树各基本事件的发生概率，各基本事件又是独立事件时，就可以计算顶事件的发生概率。相对简单的计算方法是最小割集法。

①根据基本事件之间的相互独立关系，可计算顶事件的概率。

②可近似计算顶事件发生概率，就是将基本事件之间的相互独立关系看作相互排斥关系。

2. 基本事件的概率重要度

基本事件的结构重要度只是按事故树的结构分析各基本事件对顶事件的影响程度，没有考虑基本事件发生概率的变化对顶事件发生概率的影响。为了改进这个缺陷，提出了事故树的概率重要度。

事故树的概率重要度分析是依靠各基本事件的概率重要度系数大小进行定量分析。基本事件的概率重要度系数，是指某基本事件发生概率的变化引起顶事件发生概率变化的程度。

顶事件发生概率函数是 N 个基本事件发生概率的多重线性函数，对自变量 q_i 求一次偏导，可得到该基本事件的概率重要度系数 $I_g(i)$：

$$I_g(i)=\frac{\partial P(T)}{\partial q_i} \quad (i=1,2,\cdots,n) \tag{2-2}$$

式中　$P(T)$——顶事件发生概率；

q_i——第 i 个基本事件 X_i 的发生概率。

例：设事故树最小割集为 $E_1=\{X_1,X_3\}$，$E_2=\{X_1,X_5\}$，$E_3=\{X_3,X_4\}$，$E_4=\{X_2,X_4,X_5\}$，各基本事件概率分别为：$q_1=0.01$，$q_2=0.02$，$q_3=0.03$，$q_4=0.04$，$q_5=0.05$，求各基本事件概率重要度系数。

解：用近似方法计算顶事件发生概率

$$P(T)=q_1q_3+q_1q_5+q_3q_4+q_2q_4q_5=0.002$$

各个基本事件的概率重要度系数近似为

$$I_g(1)=\frac{\partial Q}{\partial q_1}=q_3+q_5=0.08, I_g(2)=\frac{\partial Q}{\partial q_2}=q_4q_5=0.002,$$

$$I_g(3)=\frac{\partial Q}{\partial q_3}=q_1+q_4=0.05, I_g(4)=\frac{\partial Q}{\partial q_4}=q_3+q_2q_5=0.031,$$

$$I_g(5)=\frac{\partial Q}{\partial q_5}=q_1+q_2q_4=0.0108$$

这样，就可以按概率重要度系数的大小排出各基本事件的概率重要度顺序：

$$I_g(1)>I_g(3)>I_g(4)>I_g(5)>I_g(2)$$

3. 基本事件的临界重要度

当各基本事件发生概率不等时，一般情况下，改变概率大的基本事件比改变概率小的基本事件容易，但基本事件的概率重要度系数并未反映这一事实，因而它不能从本质上反映各基本事件在事故树中的重要程度。

事故树的临界重要度分析是依靠各基本事件的临界重要度系数的大小进行定量分析。临界重要度系数，是指某个基本事件发生概率的变化率引起顶事件发生概率的变化率，它是从敏感度和概率双重角度衡量各基本事件的重要程度。

$$I_g^c(i)=\lim_{\Delta q_i\to 0}\frac{\Delta P(T)/P(T)}{\Delta q_i/q_i}=\frac{q_i}{P(T)}\lim_{\Delta q_i\to 0}\frac{\Delta P(T)}{\Delta q_i}=\frac{q_i}{P(T)}I_g(i)$$

式中　$I_g^c(i)$——第 i 个基本事件 X_i 的临界重要度系数；

$I_g(i)$——第 i 个基本事件 X_i 的概率重要度系数；

$P(T)$——顶事件发生概率；

q_i——第 i 个基本事件 X_i 的发生概率。

按概率重要度系数的大小排列的各基本事件的概率重要度顺序：

$$I_g(1)>I_g(3)>I_g(4)>I_g(5)>I_g(2)$$

按临界重要度系数的大小排列的各基本事件重要程度的顺序：

$$I_g^c(3) > I_g^c(4) > I_g^c(1) > I_g^c(5) > I_g^c(2)$$

三种重要度系数中：

结构重要度系数：从事故树结构上反映基本事件的重要程度，结构重要度系数反映了某一基本事件在事故树结构中所占的地位。

概率重要度系数：反映基本事件概率的增减对顶事件发生概率影响的敏感度，概率重要度系数起着一种过渡作用，是计算两种重要度系数的基础。

临界重要度系数：从敏感度和自身发生概率大小双重角度反映基本事件的重要程度；临界重要度系数从结构及概率上反映了改善某一基本事件的难易程度。

一般可以按这三种重要度系数安排采取措施的先后顺序，也可按三种重要度顺序分别编制相应的安全检查表，以保证既有重点又能全面检查的目的。在三种检查表中，根据临界重要度分析产生的检查表，更具有实际意义。

本章小结

本章系统介绍了事件数分析法和事故树分析法的相关理论知识，阐述了事故树分析法的概念、步骤，事故树定性分析及定量分析方法，并引入相关例题，使读者能够对事件树分析与事故树分析方法在城市轨道交通运营安全中的应用有更加直观和深刻的理解，从而在掌握理论的基础上，加强对知识的实践运用。

思考题

某事故树的结构如右图所示：

(1)求顶事件的发生概率；

(2)求事故树的最小割集；

(3)画出等效树；

(4)求事故树的最小径集；

(5)求各基本事件的重要度。

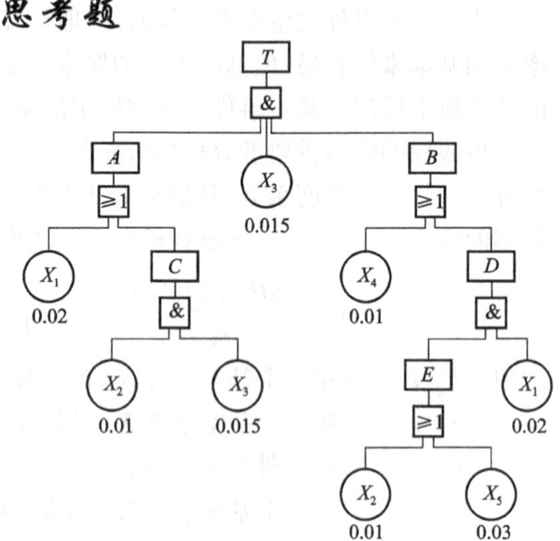

第3章 城市轨道交通运营安全评价方法

在现代及未来的城市轨道交通运营过程中，要保证良好、安全、舒适的运输能力，减少事故及危害的发生，就必须对已发生的城市轨道交通事故进行深刻的分析，总结出城市轨道交通运营安全影响要素，从而指导城市轨道交通建设及运营管理，并为建立城市轨道交通运营安全指标体系及评价方法提供支持。本章将着重介绍城市轨道交通运营安全的评价体系与方法。

3.1 城市轨道交通运营安全影响要素分析

城市轨道交通运营是包括社会、经济、自然、文化等因素在内的统一体，在内容、作用及空间结构上有其特殊性，是人员、社会财富的聚集场所，也是现代灾害及事故风险的交汇处。在现代及未来的城市轨道交通运营过程中，要保证良好、安全、舒适的运输能力，减少事故及灾害的发生，必须对已发生的城市轨道交通事故进行深刻分析，总结出城市轨道交通运营安全影响要素，从而指导城市轨道交通建设及运营管理，并为建立城市轨道交通运营安全指标体系及评价方法提供支持。

城市轨道交通运营安全的真谛就是要保证乘客从购票—候车—乘车—出站整个过程中，生命财产不受到损害，并在一定时间内到达目的地。从历年来国内外事故因素统计中可以发现，影响城市轨道交通运营安全的主要因素来自人员、设备、环境和管理（简称人—机—环—管）四大方面。

3.1.1 人员因素

在当前各种人—机—环—管系统中，人是其中的重要组成部分，也成了安全问题的主要来源，一个掌握足够技能的人能够发现并纠正系统故障，并且使其恢复到正常状态，同样，人的不安全行为也能够造成严重事故。在城市轨道交通运营安全中，人也不例外地起着主导作用。在运营的各个环节与活动中，都需要人为参与操作、协调、控制及监督，以及与环境的信息交流。可见，人员因素在城市轨道交通运营安全中的重要地位。

影响城市轨道交通运营安全的人员主要有两类：一类是从业人员，即工作人员，主要指供电系统、通信系统、信号系统、给排水系统、防灾与报警系统、环境与设备监控系统、机车车辆系统、车辆段检修设备与系统、自动售检票系统、通风空调与采暖系统等部门的各级领导人员、专职管理人员和基层作业人员，他们是保证运营安全的关键人员。特别是在运营管理第一线人员，其技术水平、心理、身体素质等是确保城市轨道交通运营的重要因素。另一类是非从业人员，即社会人员，主要指乘客、轨道交通沿线居民、可能穿越轨道交通线路的机动车及可能影响轨道交通运营的其他人员（如破坏轨道交通指示灯的人员）等。

1. 人员因素构成

影响城市轨道交通运营的人员因素主要体现在人的行为上，人员因素的构成如图 3-1 所示。

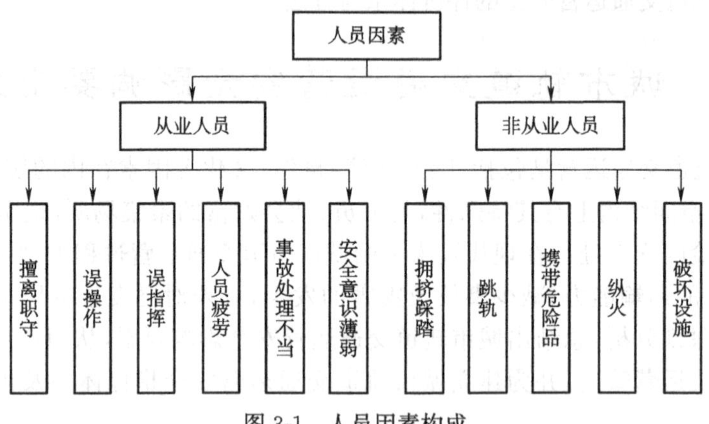

图 3-1 人员因素构成

2. 人员因素特点

(1)主导性

在人机系统中，人是主导因素。设备需要由人来进行设计、制造、使用和维护，人机系统需要人来进行监控与管理。机械操作不当与管理不协调会给城市轨道交通运营造成安全问题；反之，正确的使用与监督可以使整个系统运营良好，发挥积极作用。

(2)主观能动性

人具有主观能动性，在城市轨道交通运营中，人的主观能动性主要造成两种情况。一是指故意人为事故，包括乘客违章携带危险品、吸烟等带来安全隐患，以及恐怖袭击、投毒、纵火等恶性事件造成的严重安全事故。另一种则是指突发情况发生时，人的应急处理能力能够产生积极作用，使得事故伤害降低、系统运转恢复等。

(3)创造性

人具有改进现状的先进性,能够通过学习研究,不断提高现有系统的安全水平,完善安全管理制度与方法。

3.1.2　设备因素

设备是影响城市轨道交通运营安全的另一重要因素。设备的质量是保证轨道交通运营良好的基础,设备的运转情况影响着城市轨道交通运营安全。

1. 城市轨道交通运营的基础设备

城市轨道交通运营的基础设备包括:土建设施(站台、隧道、桥涵、路基、轨道)、线路设备、供电系统设备、机车车辆、通信系统设备、信号系统设备、通风空调和采暖设备、给水与排水设备、电梯与自动扶梯等。

(1)供电系统设备

供电系统危险因素主要是电气火灾和触电。电气火灾的原因主要包括:当电路发生短路时,电流可能超过正常时的数十倍,致使电线、电气温度急剧上升,远远超过允许值,而且常伴有短路电弧发生,易造成火灾;线路、变压器超载运行均将导致其绝缘材料过热起火。接触不良的电线接头、开关接点、滑触线等还会迸发火花,引燃周围易燃易爆物质(此类现象在运营新线及老线尤为明显);变压器一般都配备有散热设备,如风叶、散热器等,如果风叶断裂、变压器油面下降均会导致散热不良,使电器热量累积起来。电缆沟、电缆井内电缆过密,散热不良也会引起火灾。引起触电事故的主要原因,除了设备缺陷、设计不周等技术因素外,大部分都是由于违章作业、违章操作。对运营工作人员操作应进行正确性监督,防止在实际运营过程中由于人的精力和体力出现不适应而造成运营事故,如运用速度监控、列车无线调度电话等。

(2)车辆系统设备

城市轨道交通车辆在运营过程中可能存在的危险因素有:列车失控、轨道损伤或断裂、列车脱轨、列车相撞等都可能造成严重的伤亡事故;车辆的安全标志不醒目,可能造成机械伤人事故,并且在事故发生后,不利于应急救援及人员疏散;列车内空调供暖等易引起火灾,且列车相关材料选择不当燃烧后会产生有毒烟气,加重事故后果;列车内的高压电器设备如安全防护措施不当,可能引起人员伤亡事故。

(3)通信、信号系统

城市轨道交通专用通信系统是直接为城市轨道交通运营、管理服务的,是保证列车及乘客安全,列车快速、高效运作必不可少的信息传输系统。当发生紧急情况时,通信系统应能迅速转为应急通道,为防灾、救援、事故处理提供方便。同时若通信系统的电源发生故障或通信设备本身发生故障时，各种行车、票务及控制信息出现间断性不可靠传输，也会引起事故或使事态扩大。

信号系统是整个城市轨道交通运营的大脑，它保证列车和乘客的安全，实现快速、高密度、有序运行的功能。信号系统的不完善或信号系统设备故障，相当于“大脑”瘫痪，不能保证运营安全，甚至使运营整体处于瘫痪状态。

(4)环控通风系统

城市轨道交通环境密闭，空间狭窄，连通地面的疏散口相对较少，逃生路径长。发生火灾，不仅火势蔓延快，而且积聚的高温浓烟很难自然排除，并迅速在城市轨道交通隧道、车站内蔓延，给人员疏散和灭火抢险带来相当大的困难，严重威胁乘客、城市轨道交通职工和抢险救援人员的生命安全。据分析表明，火灾后人员伤亡主要是窒息所致。若环控通风系统故障、管理不到位(将通风通道或风亭改作自行车停放处、商铺或其他管理用房)，妨碍了通风系统的正常运作，则势必扩大事故后果和影响。

(5)给排水系统

在运营期间，给排水系统可能存在的危险因素有：污水乱排及污水、垃圾排入隧道等影响城市轨道交通的环境卫生，造成污染和职业伤害；给排水管道的防腐、绝缘效果不到位，发生渗漏现象等；隧道内排水系统不完善，隧道防水设计等级不够，导致涝灾或地表水侵入，地面塌陷；车站出入口的地平高度低于防洪设防要求，遇水倒灌；杂散电流腐蚀给排水管道等。

(6)其他辅助设施设备

站台、站厅设施可能存在的危险因素有：站台与轨道间没有隔离，在人员拥挤时，可能造成乘客落轨；车站地面材料不防滑或防滑效果不明显存在安全隐患，人员较多时，可能导致踩踏事件；地下车站站厅乘客疏散区、站台及疏散通道内有妨碍疏散的设施或堆放物品，不利于事故救援，造成人员拥挤，使事故后果加重；车站内的建筑装修材料选用不当，造成人员拥挤，引发意外事故，且事故发生后，不利于事故救援和人员疏散，使事故范围扩大。

城市轨道交通车站站台边设置的屏蔽门/安全门，可以保证乘客安全，降低空调系统运营能耗，对提高车站内环境舒适度有明显作用，屏蔽门/安全门的设置应适应各种运营模式的要求，正常运营时为乘客提供上下车通道，火灾事故时配合城市轨道交通运营模式要求为乘客提供疏散通道。屏蔽门正常运营中可能存在的危险因素有：由于城市轨道交通车门的安全标志不醒目，造成的机械伤亡事故，并且在事故发生后，不利于事故救援和人员疏散。如果城市轨道交通采用接触轨受流方式，站台仍存在电位层，站台边 2 m 宽度范围内需做绝缘层。屏蔽门/安全门与轨道连接，使屏蔽门/安全门与轨道等电位。因此，在城市轨道交通屏蔽门/安全门处由于绝缘和接地的问题存在人员触电事故的隐患。

2. 影响运营安全的设备因素

影响运营安全的设备因素主要指运营基础设备和运营安全技术设备的安全性能，包括设计安全性和使用安全性。

设备的设计安全性是指设备的可靠性、可维修性、可操作性及先进性等。

设备可靠性是指设备在规定条件下、规定时间内，处于正常工作的能力，它可以用可靠度、故障平均时间、故障率等来衡量。

设备可维修性是指设备易于维修的特性，即设备发生故障后容易排除故障的能力。可维修性与维修的含义不同，维修是指设备保持和恢复功能的作业活动，是在使用中设备发生故障后，由设备维修部门采取的行动，而可维修性则是设备的固有特性之一。可维修性好，可使设备在需要维修时以最少的资源（人力、技术、测试设备、工具、备件、材料等）在最短的时间内顺利地完成任务。城市轨道交通运营系统长期不间断的运行，对设备可维修性的要求较高，尤其希望维修时间越短越好。

可操作性是指机器设计要便于人员进行操纵。因此，机器设备在设计过程中，要同时考虑人与机器两方面的因素，要着眼于人，落实在机。

设备先进性是指尽量利用最新科技成果，采用先进的装备，淘汰落后的设备，如用自动闭塞取代半自动、路签闭塞等。

设备的使用安全性包括设备的运行时间、维护保养情况等。设备运行时间越短，设备越新，其使用安全性越好；设备维修保养越好，其使用安全性也越好。

3.1.3 环境因素

环境影响因素又分为内部环境和外部因素。

1. 内部环境

内部环境通常是指作业环境，即作业场所人为形成的环境条件，包括周围的空间和一切生产设施所构成的人工环境。然而，城市轨道交通运营系统是一个非常复杂的宏观大系统。它是由系统硬件（运营基础设备和运营安全技术设备）、系统工作人员（运营系统内的各级管理人员和基层作业人员）、组织机构（管理机构、运行机构、维修机构等），以及社会经济因素（政治、经济、文化、法律等）等相互作用而构成的技术系统。因此，影响运营安全的内部环境绝不仅仅是作业环境，它还包括通过管理所营造的运营系统内部的社会环境，即运营系统外部社会环境因素在运输系统内的反映，它涉及面很广，包括运营系统内部的政治、经济、文化、法律等环境。

2. 外部因素

影响运营安全的外部环境包括自然环境和社会环境。自然环境是指自然界提供的、人类暂时难以改变的生产环境。在各种自然灾害中，最常见的是地震，严重影响城市轨道交通运营安全，危害极大。此外，气候因素（风、雨、雷、电、雾、冰、雪等）、季节因素（春、夏、秋、冬）、时间因素（白天、黑夜）也是不容忽视的事故致因因素。社会环境包括社会的政治环境、经济环境、技术环境、管理环境、法律环境及社会风气等，它们对运营安全均有不同程度的影响，较为直接的是轨道交通所在城市的治安和车站秩序状况。

3.1.4 管理因素

管理上的薄弱是现阶段在安全生产管理问题上的一个难题。北京地铁制定了较为详细的《运营事故处理规则》和《北京地铁运营服务标准》。天津地铁运营公司制定了“0123”安全管理目标：人员伤亡0（包括员工和乘客）、1个标准（安全标准化班组建设）、2个百分百（制度百分之百执行、作业百分之百登记）、3个杜绝（杜绝重大行车事故、杜绝非不可抗拒重大火灾事故、杜绝非不可抗拒的爆炸事故）。香港地铁公司采用了一套完善的安全管理方式，制定了安全策略和安全管理系统推行地铁运营安全管理计划，每三年便邀请国际安全专家到港进行深入视察和探讨。这些城市都通过积极的制定安全指引和有效措施来消除隐患、减少危害，确保城市轨道交通运营的安全。但是，从整体上来看，我国在城市轨道交通运营安全管理方面仍然存在着以下问题：

（1）国家尚未建立完整的安全保障政策法规体系和认证的标准，迄今只出台了《地铁运营安全评价标准》（GB/T 50438—2007）指导地铁运营；

（2）仅有少数轨道交通项目，由国际机构进行了系统安全评价或开展系统运营安全保障工作，但无法对其正确性进行认定；

（3）大多数轨道交通项目的安全管理处于分散管理的状态，建设和运营各阶段的安全管理没有连贯性，不成体系；

（4）各设计单位虽然在设计中按照设计规范和有关标准执行，但缺少系统性的安全审查方法和手段；

（5）参与轨道交通项目建设和运营管理的各方（业主、设计、施工、监理、设备承包商、运营等单位）对系统安全保障工作缺乏认识；

（6）缺少能够全面进行城市轨道交通安全评级的机构来开展系统安全保障的各项工作。

3.2　城市轨道交通运营安全评价指标体系

城市轨道交通运营安全评价指标体系常由隐患指标、风险指标、事故指标三类指标构成。

1. 隐患指标

隐患指标也可以称为过程指标或事故指标，是指从系统整体出发，进行综合管理评价。它不考虑系统事故发生情况，只考虑系统中人员、设备、环境、管理等诸多因素及各因素间关系所达到的安全程度，从而判断是否满足安全要求，并且据此作为衡量系统运营安全状况的依据。

隐患指标充分体现了事前安全思想，较传统的听任事故发生，再调查分析、采取措施、预防事故重复发生的方式有了极大的提高。

2. 风险指标

风险指标是对运营系统风险的量化表示，它以事故后果及后果发生的概率作为计算风险的依据。

以事故后果及后果发生的概率作为计算的风险值，要求用量化的方式表示，需要较高的精确度，且只能预测已经发生过或可能遇到的事故类型，难以预测全部风险，其目的是确定各种不同事故风险值的高低，难以揭示系统的安全隐患。可见，对于城市轨道交通这种较为复杂联动的系统，风险指标只是一种不完全的评价指标。

3. 事故指标

事故指标是对事故发生频率及后果制定的安全评价指标，是直接反映系统安全状态和管理效果的重要指标。事故指标一般包括事故数量、事故性质及事故损失程度。以事故指标作为评价安全的依据，一方面能够真实、客观地衡量系统的安全状况，另一方面还可以通过对事故指标的分析，评价运营系统所存在的安全隐患，与隐患分析结合，进一步揭示系统安全薄弱环节。由此可见，事故指标是实际工作中不容忽视的安全评价指标。

在国内外城市轨道交通运营安全评价指标体系的研究中，常以隐患指标和事故指标为主干构成评价指标体系，并结合相关政策和专业标准进行细项分解，同时进行量化，以达到客观、真实反映运营系统安全状况的目的。

3.2.1　地铁运营安全评价标准

地铁运营安全评价指标主要由事故水平评价和基础安全评价两部分组成，如

图 3-2 所示。

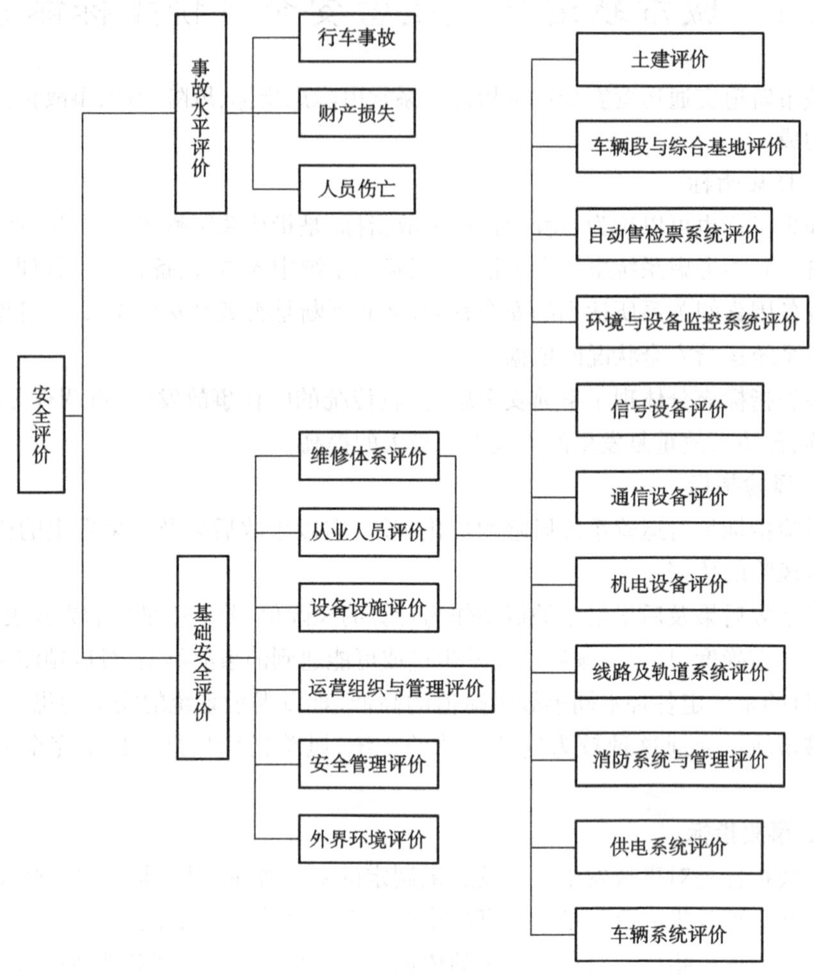

图 3-2 地铁运营安全评价指标体系

1. 评价安全管理

评价安全管理即指评价地铁经营企业的安全管理体系，其中包括安全管理机构与人员、安全生产责任制、安全管理目标、安全生产投入、事故应急救援体系、安全培训教育与安全信息交流、事故隐患管理、安全作业规程、安全检查制度。

2. 评价运营组织

评价地铁客运组织的安全状况，其中包括线路负荷和车站设施负荷的状况、行车调度和客运组织状况。

3. 评价基础设施

评价各种基础设施(车辆、供电、通信、信号、机电、土建、线路、FAS、BAS等)的安全状况,其中包括保证安全运营的技术性能、安全防护措施等。

4. 评价从业人员

评价从业人员(地铁列车驾驶员、各种调度人员、站务人员、设备操作人员、设备检修人员)主要涉及基础设施的操作者的资质、培训和应急能力等。

5. 评价维修体系

基础设施会由于先天的缺陷和使用过程中的磨损、老化而降低可靠性,从而引发事故。所以,评价体系还包括通过评价维修体系即评价维修制度的建立、维修人员的水平和素质、维修配件的管理,来衡量地铁系统对基础设施可靠性的控制程度。

6. 外界环境

评价地铁运营企业对来自外界的不良因素的监控和防控的状况。

7. 业　　绩

运营中所发生事故的数量、损失的程度直接反映了该地铁运营企业的安全状态和管理效果,是该地铁运营企业安全管理工作效果的直接和综合体现。通过评价事故水平,来衡量该地铁运营企业的事故风险控制水平。

3.2.2　基于水平层次结构的评价指标体系

基于水平层次结构构建的评价指标体系,主要根据层次分析法(详见3.3.1)构建原则,一般分为顶、中、底三层,即目标层、准则层、分准则层,顶层为决策的目标和目的,底层为可供选择的不同方案,中层则是分析影响评价方案好坏的因素,如图3-3所示。

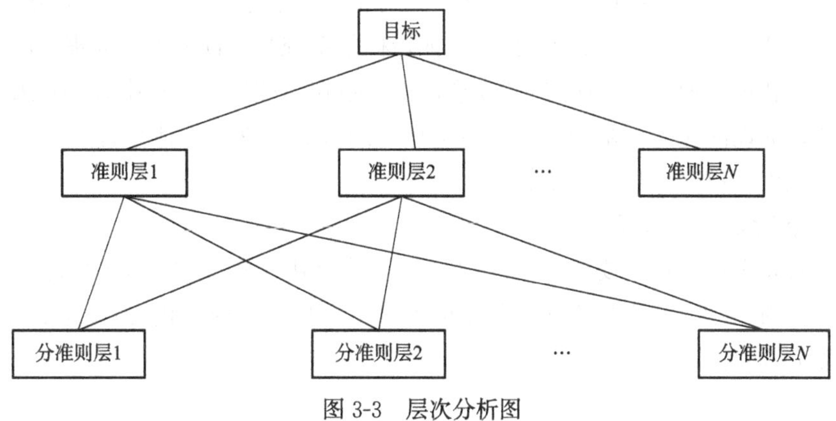

图3-3　层次分析图

国内外学者根据评价指标体系的建立原则，从城市轨道交通运营安全影响要素出发，从“人—机—环—管”四方面将城市轨道运营安全指标分为三层，目标层为城市轨道交通运营综合安全水平；分准层则为具体的评价指标。后一层指标为前一层指标的聚合，城市轨道交通运营安全评价指标水平层次结构模型雏形如图 3-4 所示。

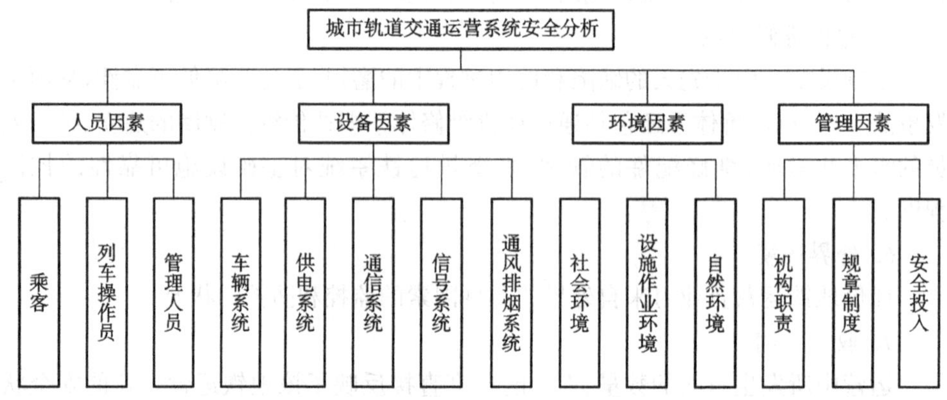

图 3-4 城市轨道交通运营安全评价指标水平层次结构模型雏形

3.2.3 基于安全性与可靠性的评价指标体系

安全性和可靠性是描述系统在运转过程中所表现出来的相关状态，反映了系统工作时的状态。“安全”表示系统的“完整”与“稳定”状态，安全性是指系统保持这种状态的能力。安全状态被破坏是因为意外事件的发生，其特征指标是人员伤亡、设备财产损失或环境危害的程度。“可靠”表示系统性能的“保证”与“可信赖”状态，可靠性是指系统性能得以“保证”与“可信赖”的能力。可靠状态被破坏是因为自身某些能力的下降或者消失，其特征指标是系统某些性能下降或丧失的程度。对于城市轨道交通运营系统，运营安全性即是指在系统运营过程中，保障“乘客”准时到达目的地的能力。基于安全性与可靠性两方面建立指标体系，能够更全方位地实现城市轨道交通运营安全管理。

1. 运营安全性指标

运营安全性指标主要参考 Petri 网模型，建立用于衡量事故对运营的影响程度的指标项(表 3-1)，得出系统在规定的条件下和规定的时间内，避免运营事故发生的能力，即运营安全性。

表 3-1　运营安全性指标

指　　标	说　　明	公　　式	备　　注
运营安全度 $S(t)$	系统在规定的条件下和规定的时间内，避免运营事故发生的概率	$S(t)=P(T\geqslant t)$	随着时间 t 的增加，运营安全度 $S(t)$ 下降
运营事故间隔时间 T	两次运营事故间隔时间		由于运行事故发生具有随机性，所以 T 为随机变量
运营事故分布函数 $P(t)$	系统在规定条件下和规定的时间内，运营事故发生的概率	$P(t)=P(T<t)=1-S(t)$	
运营事故 I		$I=\Gamma\{H,F,P,E\}$	采用分类方法量化，依照国家有关事故分级标准，分为4个级别
运营事故概率 $p(t)$	系统在时刻 t 的单位时间里发生运营事故的概率	$p(t)=\dfrac{\mathrm{d}P(t)}{\mathrm{d}t}$	
运营事故率 $\beta(t)$	系统在时刻 t 之前未发生运营事故，在时刻 t 之后单位时间内发生运营事故的概率	$\beta(t)=\dfrac{p(t)}{S(t)}$	$\beta(t)$ 随 t 变化，可用某个时间段内发生事故的频率作为近似值
平均运营事故间隔时间 MTBA	T 的平均值（数学期望）	$\mathrm{MTBA}=\int tp(t)\mathrm{d}t$	

表中，t——规定的事件；H——人员伤亡；P——财产损失；E——环境破坏；F——设施/设备的损坏。

2. 运营可靠性指标

运营可靠性指标主要参考 HOPN 模型建立指标（表3-2），得出系统在规定的条件下和规定的时间内，完成列车按运行图达到各站的能力，即运营可靠性，其中包含了运营恢复性、运营利用性的评价。

表 3-2　运营可靠性指标

指　　标	说　　明	公　　式	备　　注
运营可靠度 $R(t)$	系统在规定的条件下和规定的时间内，完成列车运行图准时到达各站的概率	$R(t)=P(T\geqslant t)$	随着时间 t 的增加，运营可靠度 $R(t)$ 下降

续上表

指　标	说　明	公　式	备　注
运营事故间隔时间 T	两次运营事故间隔时间		由于运行故障发生具有随机性，所以 T 为随机变量
运营故障概率密度 $F(t)$	系统在规定的条件下和规定的时间内，无法完成列车按运行图准时到达各站的概率	$F(t)=P(T<t)=1-R(t)$	
运营故障	运行延误次数		在规定时间范围内到达则未产生延误
运营故障概率密度 $f(t)$	系统在时刻 t 的单位时间里发生运营故障的概率	$f(t)=\frac{\mathrm{d}F(t)}{\mathrm{d}t}$	
运营事故率 $\lambda(t)$	系统在时刻 t 之前未发生运营事故，在时刻 t 之后单位时间内发生运营事故的概率	$\lambda(t)=\frac{f(t)}{R(t)}$	$\lambda(t)$ 随 t 变化，可用某个时间段内发生故障的频率作为近似值
平均运营故障间隔时间 MTBF	T 的平均值(数学期望)	$\mathrm{MTBF}=\int tf(t)\mathrm{d}t$	
运营故障时间 Q	运营故障恢复时间内		包括故障发现/诊断，故障定位/隔离/切除/备用进入、运营调整时间
运营恢复度 $M(t)$	系统在规定的条件下和规定的时间内，恢复列车按运行图准时到达各站的概率	$M(t)=P(Q<t)$	
运营故障恢复率 $\mu(t)$	系统在时刻 t 之前未恢复运营故障，在时刻 t 之后单位时间内恢复正常运营的概率		
平均运营故障恢复时间 MTTR	运营故障恢复时间的平均值(数学期望)	$\mathrm{MTTR}=\int t\mu(t)\mathrm{d}t$	由于恢复时间与故障影响的严重程度和运行图调整的策略与经验等有关，是随机变量，所以取平均值
运营利用率 $A(t)$	系统正常运营时间占整个运行图计划运营时间的比率	$A(t)=\frac{\mathrm{MTBF}}{\mathrm{MTBF}+\mathrm{MTTR}}$	

表中，t——规定的时间。

3.2.4　考虑平稳度与舒适度的评价指标体系

众所周知，人们对城市轨道交通在运行过程中产生的振动与噪声要求越来越高，对行车速度、安全、平稳、舒适的要求也越来越高。在我国，一般将安全、平稳和舒适三者分开进行评价和管理，但在国外，则将三者合一，即如果保证了旅客的舒适，其安全和平稳也就有了保障(特殊情况单独确定)。随着我国城市轨道交通的快速发展，国际化交流增多，我国也有研究者借鉴国外的方式建立评价指标体系。

安全性评价指标包括车辆脱轨系数(判断脱轨安全性的指标)、轮重减载率(当轮重减载率大的时候往往比脱轨系数大的时候更容易发生脱轨)、车辆倾覆系数。平稳性评价指标包括 Sperling 平稳性指标(与车辆的“走行品质”有关)、疲劳时间、Janeway 指标。舒适性评价指标描述旅客舒适度，是在包括车辆振动在内的外界因素作用下与旅途中反映旅客疲劳程度的综合性生理指标，如车内设备、通风、照明、温度、湿度、噪声、振动等，其中未被平衡的离心加速度及其加速度变化率是影响舒适性的重要因素。

3.3　城市轨道交通运营安全评价方法

3.3.1　基于层次分析法(AHP)的评价方法

1. 层次分析法简介

层次分析法是美国运筹学家 T. L. Saaty 于 20 世纪 70 年代中期提出，该法是对非定量事件进行定量分析的一种有效方法，其基本原理是把复杂系统分解成目标、准则、方案等层次，在该基础上进行定性和定量的分析和决策。层次分析法把人的决策思维过程层次化、数量化、模型化，并用数学手段为其分析、决策提供定量的依据，是一种对非定量事件进行定量分析的有效方法，特别是在目标因素结构复杂且缺少必要的数据情况下，需要将决策者的经验判断定量化时，该方法非常实用。

2. 基于层次分析法(AHP)的评价方法研究

(1)模型构建

城市轨道交通运行系统可以看作是由人员—设备—环境—管理 4 个基本能要素所组成的有机系统。由 3.2.2 节可知，利用层次分析法，可将与运营系统形成有关的乘客、列车操作人员、管理人员、车辆系统、供电系统、通信系统、信号系统、排风/排烟系统、自然环境、社会环境、设施作业环境、机构职责、规章制度、安全投入等 14 个因素作为分准层，而把人员的因素、设备的因素、环境的因素、管理的因素作为准则层，建立城市轨道交通运营系统分析的层次结构模型，为便于下面的计算，将各因素标注如图 3-5 所示。

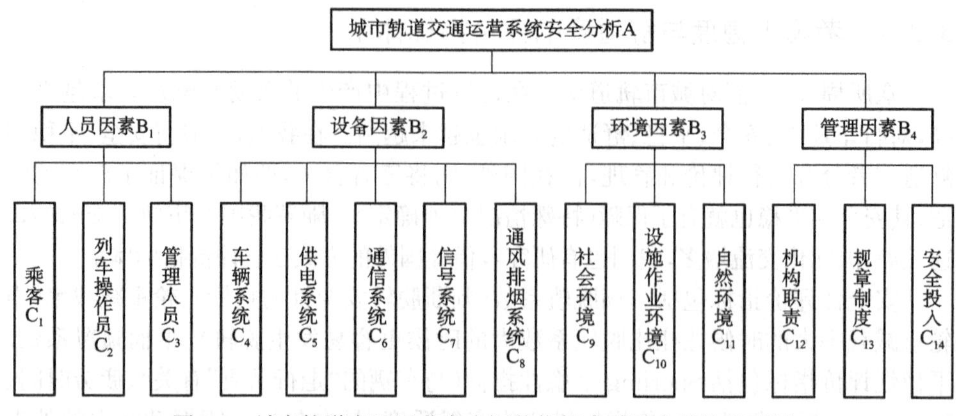

图 3-5 城市轨道交通运营安全评价指标水平层次结构模型图

(2)构造因素判断矩阵及一致性检验

根据评价因素判断矩阵,进行层次单排序,进行确定评价因素和评价因子权重的计算。层次单排序是根据判断矩阵计算,针对上一层次的某因素,计算此次该元素重要性次序的权重。层次单排序的权重可以通过 Matlab 软件求正规化特征向量而得到。

以下给出 A—B_i,B_1—C_i,B_2—C_i,B_3—C_i,B_4—C_i 各层次的判断矩阵、计算指标值和一致性检验值,见表 3-3～表 3-7。

表 3-3 A—B_i 单层排序指标权重计算及检验结果

A	B_1	B_2	B_3	B_4	***W***
B_1	1	5	7	1	0.420 9
B_2	1/5	1	3	1/5	0.106 4
B_3	1/7	1/3	1	1/7	0.051 7
B_4	1	5	7	1	0.420 9
一致性检验	$\lambda_{max}=4.0735$,$CI=0.039$,$RI=0.89$,$CR=0.028<0.1$,通过一致性检验				

说明:表中 λ_{max} 为判断矩阵的一致性指标;*CI* 为该层的组合一致性指标;*RI* 为矩阵的平均随机一致性指标;*CR* 为矩阵的随机一致性比率;***W*** 表示 λ_{max} 对应的正规化特征向量。

表 3-4 B_1—C_i 单层排序指标权重计算及检验结果

B_1	C_1	C_2	C_3	***W***
C_1	1	3	6	0.333 3
C_2	1/3	1	2	0.333 3
C_3	1/6	1/2	1	0.333 3
一致性检验	$\lambda_{max}=3$,$CI=0$,$RI=0.58$,$CR=0<0.1$,通过一致性检验			

表 3-5　B_2—C_i 单层排序指标权重计算及检验结果

B_1	C_4	C_5	C_6	C_7	C_8	W
C_4	1	2	6	9	2	0.427 6
C_5	1/2	1	3	6	1	0.225 8
C_6	1/6	1/3	1	3	1/3	0.083 3
C_7	1/9	1/6	1/3	1	1/6	0.037 6
C_8	1/2	1	3	6	1	0.225 8
一致性检验	λ_{max}=5.039 4，CI=0.01，RI=1.12，CR=0.009<0.1，通过一致性检验					

表 3-6　B_3—C_i 单层排序指标权重计算及检验结果

B_3	C_9	C_{10}	C_{11}	W
C_9	1	1/2	3	0.3
C_{10}	2	1	6	0.6
C_{11}	1/3	1/6	1	0.1
一致性检验	λ_{max}=3，CI=0，RI=0.58，CR=0<0.1，通过一致性检验			

表 3-7　B_4—C_i 单层排序指标权重计算及检验结果

B_4	C_{12}	C_{13}	C_{14}	W
C_{12}	1	3	6	0.088 7
C_{13}	1/3	1	2	0.559 1
C_{14}	1/6	1/2	1	0.352 2
一致性检验	λ_{max}=3.054，CI=0.027，RI=0.58，CR=0.046<0.1，通过一致性检验			

(3)层次总排序及一致性检验

从表 3-3～表 3-7 可以看出，所有单排序的 CR<0.1，认为每个判断矩阵的一致性都是可以接受的。在同一层次中所有层次的单排序结果的基础上，可以计算出对上一层次和该层次所有城市轨道交通运营系统影响因素的重要性的权值，并进行总层次总排序，总排序是指同一层次所有元素对于目标层(A)的相对重要性(A～B 的排序也为一个总排序)的排序，总排序的权重自上而下将单准则下的权重进行组合。城市轨道交通运营系统影响因素层次总排序计算结果见表 3-8。

表 3-8　总体排序及权值

层次	B_1	B_2	B_3	B_4	组合权重	排序
	0.420 9	0.106 4	0.051 7	0.420 9		
C_1	0.333 3	0.000 0	0.000 0	0.000 0	0.140 3	3

续上表

层次	B_1	B_2	B_3	B_4	组合权重	排序
	0.420 9	0.106 4	0.051 7	0.420 9		
C_2	0.333 3	0.000 0	0.000 0	0.000 0	0.140 3	3
C_3	0.333 3	0.000 0	0.000 0	0.000 0	0.140 3	3
C_4	0.000 0	0.427 6	0.000 0	0.000 0	0.045 5	6
C_5	0.000 0	0.225 8	0.000 0	0.000 0	0.024 0	9
C_6	0.000 0	0.083 3	0.000 0	0.000 0	0.008 9	12
C_7	0.000 0	0.037 6	0.000 0	0.000 0	0.004 0	14
C_8	0.000 0	0.225 8	0.000 0	0.000 0	0.024 0	9
C_9	0.000 0	0.000 0	0.300 0	0.000 0	0.015 5	11
C_{10}	0.000 0	0.000 0	0.600 0	0.000 0	0.031 0	8
C_{11}	0.000 0	0.000 0	0.100 0	0.000 0	0.005 2	13
C_{12}	0.000 0	0.000 0	0.000 0	0.088 7	0.037 3	7
C_{13}	0.000 0	0.000 0	0.000 0	0.599 1	0.235 3	1
C_{14}	0.000 0	0.000 0	0.000 0	0.352 2	0.148 2	2

(4)结果分析

根据城市轨道交通运营系统安全分析的层次结构模型计算的结果，很容易判定影响城市轨道交通运营系统各个因素中准则层即人的因素、物的因素、环境的因素、管理的因素在城市轨道交通运营系统中相对重要性排序依次为：人的因素(0.420 9)、物的因素(0.106 4)、环境的因素(0.051 7)、管理的因素(0.420 9)。

城市轨道交通运营系统方案层的排序依次为：规章制度、安全投入、乘客、列车操作员、管理人员、车辆系统、机构职责、设备设施作业环境、通风/排烟系统、供电系统、社会环境、通信系统、自然环境、信号系统。该排序基本上反映出城市轨道交通运营系统安全能力的实际状况。

3.3.2 基于模糊综合评判法的评价方法

1. 模糊综合评判法简介

模糊综合评判法是一种基于模糊数学的综合评价方法。该评价法根据模糊数学的隶属度理论把定性评价转化为定量评价，即用模糊数学对受到多种因素制约的实物或对象做出一个总体的评价。它具有结果清晰、系统性强的特点，能较好地解决模糊的、难以量化的问题，适合各种非确定性问题的解决。因此，由于城市轨道交通运营的特殊性，在运营安全评价的研究体系中常采用模糊综合评判法。

2. 基于模糊综合评判法的评价方法研究

采用模糊综合评判法建立评价模型主要有以下步骤。

(1)建立因素集

“因素”是指人们考虑问题时的着眼点。因素集是影响评判对象的因素组成的集合,通常用 U 表示,即

$$U=\{u_1,u_2,u_3,\cdots,u_n\}$$

表示影响评判对象的因素,在城市轨道交通运营安全的模糊综合评判模型中是指上述城市轨道交通运营安全性评价指标,这些评价指标都具有不同程度的模糊性。

(2)建立评价集

评价集是评价者对评判对象所作出的各种可能判断结果的集合,通常用 V 表示,即

$$V=\{v_1,v_2,v_3,\cdots,v_n\}$$

城市轨道交通运营安全性水平模糊综合评价的目的就是在综合考虑所有运营安全影响因素的基础上,从评价集中得出运营安全性水平的一个比较合理的评判结果。在城市轨道交通运营安全水平的评价中,取评价集为:$V=$\{非常安全,很安全,安全,基本安全,不安全\}。

(3)建立权重集

在诸“因素”中,各因素对运营系统安全的影响程度是不同的,这就是权重。一般而言,在评价诸因素中,各个评价因素的重要程度是不一样的,为了表征各个因素的重要程度,对各个因素 u_i,赋予相应的权数 w_i,由各权数组成权重集 W,即

$$W=\{w_1,w_2,w_3,\cdots,w_n\}$$

通常各权数应归一化和满足非负性条件,即

$$\sum_{i=1}^{n} w_i=1, w_i \geqslant 0(i=1,\cdots,n)$$

可视为各因素以对“重要”的隶属度。因此,权重集可视为因素集上的模糊集合,记为

$$W=\frac{w_1}{u_1}+\frac{w_2}{u_2}+\frac{w_3}{u_3}+\cdots+\frac{w_n}{u_n}$$

城市轨道交通运营安全水平的模糊综合评价是城市轨道交通运营安全的各因素权重和单因素评判的复合作用,因此权重集的确定十分重要。选用目前最为成熟的层次分析法(见 3.3.1 节)及专家打分相结合的方法来确定权重集。

(4)单因素模糊评判

城市轨道交通运营安全水平的单因素模糊评价就是从因素集 U 中单个因素

出发进行评判，确定评判对象对评价集中各元素的隶属度。设评判对象按因素集中第 i 个因素 U_i 进行评判时，对评价集中第 j 个元素 V_j 的隶属度为 r_{ij}，则按第 i 个因素 u_i 评判的结果可用模糊集合表示为

$$R_i=\frac{r_{i1}}{v_1}+\frac{r_{i2}}{v_2}+\frac{r_{i3}}{v_3}+\cdots+\frac{r_{in}}{v_n}$$

R_i 称为单因素评判集，可简单表示 $R_i=(r_{i1},r_{i2},r_{i3},\cdots,r_{in})$。

将 n 个因素的评判集组成一个单因素的评判矩阵 $\boldsymbol{R}$。

$$\boldsymbol{R}=\begin{bmatrix}R_1\\R_2\\\vdots\\R_n\end{bmatrix}=\begin{bmatrix}r_{11}&r_{12}&\cdots&r_{1n}\\r_{21}&r_{22}&\cdots&r_{2n}\\\vdots&\vdots&&\vdots\\r_{n1}&r_{n2}&\cdots&r_{nn}\end{bmatrix}$$

(5)城市轨道交通运营综合安全水平模糊综合评判

当权重集 W 和单因素评判矩阵 $\boldsymbol{R}$ 为确定已知时，可以通过做模糊变换来进行综合评判。

$$\begin{aligned}B&=W\cdot\boldsymbol{R}\\&=(w_1,w_2,w_3,\cdots,w_n)\cdot\begin{bmatrix}r_{11}&r_{12}&\cdots&r_{1n}\\r_{21}&r_{22}&\cdots&r_{2n}\\\vdots&\vdots&&\vdots\\r_{n1}&r_{n2}&\cdots&r_{nn}\end{bmatrix}\\&=(b_1,b_2,b_3,\cdots,b_n)\end{aligned}$$

其中，B 称为模糊综合评判集，“·”表示某种模糊合成运算，$b_i(i=1,2,\cdots,n)$ 称为模糊综合评判指标，简称评判指标。b_i 的含义为综合考虑所有因素的影响时，评判对象对评价集中第 i 个元素的隶属度。根据城市轨道交通运营安全模糊综合评价集的计算结果，按照最大隶属度原则法来确定运营综合安全性水平等级。由最大隶属度原则法原理，选择模糊综合评判集中最大的模糊综合评判指标 $b_i(i=1,2,\cdots,n)$ 所对应的评价集元素 $v_i(i=1,2,\cdots,n)$ 作为城市轨道交通运营安全水平的综合评判结果。

3.3.3 基于数据包络分析(DEA)的评价方法

1. 数据包络分析简介

数据包络分析是一个对多投入、多产出的多个决策单元的效率评价方法，它是1986 年由 CHARNES 和 COOPER 创建，它以某一生产系统中的实际决策单元 DMU 为基础，建立在决策单元的“Pareto 最优”之上，通过线性规划确定生产系统

的前沿生产函数，进而得到各决策单元的相对效率以及规模效益等方面的信息。同时在避免主观因素、简化算法、减少误差等方面有不可低估的优越性，现已成为管理科学、系统工程和决策分析、评价技术、生产函数的非参数确定等领域中一种常用而且重要的分析工具和研究手段。该方法从系统的投入产出角度出发，评价时注重对每一个决策单元进行优化，其评价只依赖于投入与产出的数据，能有效地解决评价的主观性以及城市轨道交通系统安全度难以衡量的困难。

2. 基于数据包络分析的评价方法研究

(1)评价指标体系的提取与优化

定义 1　对于一个不确定性系统，若用随机变量 X 表示其状态特征，则对于离散型随机变量，设 X 的取值为 $X=|x_1,x_2,x_3,\cdots,x_n|(n\geqslant 2)$，每一个取值对应的概率 $P_i=P(X=x_i),(i=1,2,\cdots,n)$，则该系统的熵可以定义为

$$H(P)=E[-\ln P_i]=-k\sum_{i=1}^{n}P_i\cdot\ln P_i\text{，且}\sum P_i=1$$

定义 2　设第 i 个方案的第 j 项指标为 x_{ij}，则定义属性子集 $P\subset A$ 的信息熵 $H(P)$ 为

$$H(P)=-k\sum_{i=1}^{n}P(x_{ij})\cdot\ln P(x_{ij})$$

其中，$P(x_{ij})=\dfrac{x_{ij}}{\sum\limits_{i=1}^{n}x_{ij}}$，$k>0$　(3-1)

定义 3　设 $S=(U,A,V,f)$ 是一个知识表达系统，其中 U 为论域；A 为属性的非空有限集合；$V=\bigcup\limits_{a\in A}V_a$，$V_a$ 是属性 a 的值域；$f:U\times A\rightarrow V$ 是一个信息函数，它为每个对象的每个属性赋予一个信息值，则属性在 $a\in A$ 中的重要性 $S_A(a)$ 定义为

$$S_A(a)=|H(A)-H(A-\{a\})|\tag{3-2}$$

当 $S_A(a)>0$ 时，$a\in A$ 在 A 中时必要的；当 $S_A(a)=0$ 时，a 是冗余的。

具体步骤如下：

①在所调研城市轨道交通实际的基础上，得出全体初选分析指标集 $A=\{a_1,a_2,a_3,\cdots,a_n\}$，并按照式(3-1)计算属性集 A 的信息熵 $H(A)$ 和 $H(A-|a|)$；

②由于每个指标并不同等重要，且有些指标是冗余的，可按式(3-2)计算 $S_A(a_i)(i=1,2,\cdots,n)$，删除 $S_A(a_i)\leqslant 0$ 的指标 a_i，保留 $S_A(a_i)>0$ 的指标，并将这些指标标记为 $B=\{b_1,b_2,\cdots,b_s\},(s\leqslant n)$。

最后，根据计算提取的分析指标分别为：城市轨道运营安全投入 C_1、工作人员培训合格率 C_2、安全制度健全率 C_3、设备的可靠度 C_4、年度百万车公里等效事故

率 C_5、财产损失 C_6。

(2)DEA 建模基本原理

设某个决策单元 D 的输入指标向量为 $\boldsymbol{X}=(x_1,x_2,x_3,\cdots,x_m)^{\mathrm{T}}$，输出指标向量为 $\boldsymbol{Y}=(y_1,y_2,y_3,\cdots,y_s)^{\mathrm{T}}$，简记为 $(\boldsymbol{X},\boldsymbol{Y})$，用以表示此 DMU 的整个生产活动，称集合 $T=\{(X,Y)|$产出 Y 能用输入 X 生产出来$\}$ 为所有可能生产活动构成的生产可能集。

假设有 n 个决策单元 D_j，$j=1,2,\cdots,n$，D_j 的输入为 $\boldsymbol{X}=(x_{1j},x_{2j},x_{3j},\cdots,x_{mj})^{\mathrm{T}}$，输出为 $\boldsymbol{Y}=(y_{1j},y_{2j},y_{3j},\cdots,y_{mj})^{\mathrm{T}}$，$m$、$n$ 分别为输入、输出的指标数目，$x_j>0$，$y_j>0$。则具有非阿基米德无穷小的 $\mathrm{C^2R}$ 模型为：

$$\min[\theta-\varepsilon(\hat{e}^{\mathrm{T}}S^{-}+e^{\mathrm{T}}S^{+})]=V_{D_\varepsilon}$$

$$s.t.\begin{cases}\sum\limits_{j=1}^{n}X_j\lambda_j+S^{-}=\theta X_\theta\\ \sum\limits_{j=1}^{n}Y_j\lambda_j-S^{+}=Y_0\\ \hat{e}=(1,\cdots,1)^T\in E^m\\ e=(1,\cdots,1)^T\in E^S\\ \lambda_j\geqslant 0,j=1,\cdots,n\\ S^{-}\geqslant 0\\ S^{+}\geqslant 0\end{cases}$$

其中，X_{ij} 表示 DMU_j 的第 i 个输入分量；x_{ij0} 表示 DMU_{j0} 的第 i 个输入分量；Y_{kj} 表示 DMU_j 的第 k 个输出分量；V_{D_ε} 表示 DEA 有效值；λ_j 表示第 j 个决策单元的权值；ε 为非阿基米德无穷小量；S^{+} 为松弛变量，即输出不足量；S^{-} 为剩余变量，即输入冗余。

其最优解为 $\lambda^*,S^{*+},S^{*-},\theta^*$。则当 $\theta^*=1$ 且 $S^{*+}=0,S^{*-}=0$ 时，决策单元 D_j 为有效；当 $\theta^*=1$ 且 $S^{*+}\neq 0,S^{*-}\neq 0$ 时，决策单元 D_j 为弱有效；当 $\theta^*<1$ 时，该决策单元 D_j 非有效。

(3)决策单元及投入产出指标的确定

DMU 为 DEA 分析评价的决策单元，在选取 DMU 时，必须保证每个决策单元的同质特性，以避免因受评对象的立足点条件不同，使得评估结果不具有意义。下面以广州地铁一号线为例说明，选取广州地铁号线历年的运营实绩作为决策单元，并以根据前文提取和优化得到的指标体系作为投入产出指标。其中，输入指标包括地铁运营安全投入、工作人员培训合格率、安全制度健全率、设备的可靠度；输出指标包括年度百万车公里等效事故率和财产损失，选取广州地铁一号线 2000—2008 年运营的安全性进行分析与评价，其输入和输出数据见表 3-9。

表 3-9　利用 C^2R 模型进行综合评价所需基础数据

年份	输入				输出	
	C_1	C_2	C_3	C_4	C_5	C_6
2000 年	15.705	0.95	0.72	0.782	1.266	10.40
2001 年	17.934	0.98	0.80	0.821	1.818	11.44
2002 年	21.740	0.97	0.82	0.941	1.515	6.81
2003 年	23.693	0.90	0.85	0.972	2.857	8.42
2004 年	29.448	0.94	0.87	0.975	2.500	10.28
2005 年	30.507	0.95	0.89	0.943	1.563	15.74
2006 年	34.862	0.99	0.91	0.982	1.818	12.38
2007 年	35.476	0.92	0.92	0.960	3.571	8.49
2008 年	36.870	0.98	0.94	0.947	6.250	9.79

(4)模型的应用及运算结果分析

根据所建立的 DEA 模型，利用 Matlab 工程软件编程计算得到评价结果见表 3-10。

表 3-10　Matlab 运算结果汇总

DMU 结果	2000 年	2001 年	2002 年	2003 年	2004 年	2005 年	2006 年	2007 年	2008 年
S^{*+}	0.000 0	0.000 0	0.000 0	0.000 0	2.224 6	1.983 8	4.752 1	8.048 5	0.000 0
	0.268 7	0.252 4	0.000 0	0.000 0	0.000 0	0.000 0	0.000 0	0.000 0	0.000 0
	0.131 4	0.137 3	0.000 0	0.000 0	0.026 5	0.000 0	0.022 6	0.091 2	0.000 0
	0.108 3	0.070 9	0.000 0	0.000 0	0.050 1	0.011 3	0.013 6	0.068 9	0.000 0
S^{*-}	0.001 7	0.233 7	0.000 0	0.000 0	0.000 0	0.000 0	0.000 1	0.000 0	0.000 1
	0.003 5	0.994 2	0.000 0	0.000 0	0.000 0	0.000 0	0.000 1	0.000 0	0.000 4
θ^*	0.972 2	0.912 7	1.000 0	1.000 0	0.777 5	0.497 8	0.597 7	0.996 5	1.000 0

根据计算仿真结果可以看出：2002、2003 年广州地铁一号线运营的相对安全效率指数 $\theta^*=1$ 且 $S^{*+}=0, S^{*-}=0$，因此，2002、2003 年为 DEA 有效。2008 年 $\theta^*=1, S^{*+}\neq 0$，说明 2008 年为弱 DEA 有效。而 2000、2001、2004、2005、2006、2007 年的相对安全效率指数 θ^* 分别为 0.972 2，0.912 7，0.777 5，0.497 8，0.597 7，0.996 5，说明它们都是非 DEA 有效，这意味着运营安全性的相对效率较低，安全投入的资源没有得到充分利用，产出没有达到最优，应进行改进。

根据非DEA有效决策单元在生产前沿面上的投影是DEA有效的这一原则，对其投入产出进行分析并做出调整，求出了投入的可缩减量和产出的可增加量，见表3-11。

表3-11 非DEA有效单元的改进量

年份	θ	C_1 改进	C_2 改进	C_3 改进	C_4 改进	C_5 改进	C_6 改进
2000年	0.972 2	15.249	0.645	0.568	0.651	1.432	6.99
2001年	0.912 7	16.369	0.642	0.593	0.678	1.818	8.74
2004年	0.777 5	20.672	0.731	0.650	0.708	2.500	9.730
2005年	0.497 8	13.205	0.441	0.419	0.458	1.563	6.351
2006年	0.597 7	16.086	0.592	0.521	0.573	1.818	8.080
2007年	0.996 5	27.305	0.917	0.826	0.888	3.571	1.780

此次分析所得结果与广州地铁一号线的运营安全状况基本相符。由此可知，在处理多输入多输出问题，尤其当决策单元的输入输出指标体系构成复杂时，DEA评价模型基本能够反映决策单元运行效率的现实状况。

3.3.4 基于灰色系统法的评价方法

1. 灰色系统法简介

灰色系统理论是我国学者邓聚龙教授于1982年首先提出来的。所谓灰色系统是指系统中既有白色参数(已知参数)又有黑色参数(未知参数)的系统，其研究内容包括客观事物的量化、建模、预测、决策、控制等。灰色系统理论是从信息的非完备性出发研究和处理复杂系统的理论，它不是从系统内部特殊的规律出发去研究系统，而是通过对系统某一层次的观测资料加以数学处理，达到在更高层次上了解系统内部变化趋势、相互关系等机制。灰色系统是在实践中处理不便于辨识或不能很快辨识的不完全系统。它的数学方法是非统计方法，善于处理贫信息，特别是在系统数据较少和条件不满足统计要求的情况下，更具有实用性，因此在社会、经济、工程技术系统的预测、分析和决策中使用较为广泛。

在城市轨道交通运营安全评价中，灰色系统法主要可用于对运营系统中硬件设备进行故障预测，从而间接地对运营安全进行评价和预测。

2. 基于灰色系统法的评价方法研究

采用灰色系统法对城市轨道交通运营安全进行评价时，往往需要与其他方法结合使用。如采用模糊综合评判法得出与城市轨道交通运营安全相关硬件设备在评价中的指标权重，再由灰色系统法得到每个硬件设备的指标值，最终计算出运营安全最终指标。

预测模型建立的步骤如下：

(1)给出原始的序列 x，令 $x=[x(1),x(2),\cdots,x(n)]$，指定阈值 ξ；

(2)构造异常序列 x_ξ；

按阈值 ξ 从 x 中挑选满足阈值的数据，对于上异常，则取 $x(t_k)>\xi$；对于下异常，则取 $x(t_k)<\xi$。然后用 $x(t_k)$ 构造异常(值)序列

$$x_\xi=[x(1_\xi),x(2_\xi),\cdots,x(m_\xi)]$$

(3)通过时分布映射 M_τ，获取时分布序列 τ；

$$M_\tau:x_\tau\rightarrow\tau,M_\tau[x(t_k)]=t_k,\tau=(t_1,t_2,\cdots,t_m)$$

(4)对时分布序列 T 作 GM(1,1)建模；

$$\begin{cases}\mathrm{GM_P}\cdot\mathrm{AGO}:\tau\rightarrow(a,b):\\ \mathrm{GM_{def}}\cdot\mathrm{AGO}:\tau\rightarrow\tau^{(0)}(k)+az^{(1)}\tau(k)=b\\ \mathrm{LAGO}\cdot\mathrm{GM}_\xi\cdot\mathrm{AGO}:\tau\rightarrow\hat{t}_{m+\xi}\end{cases}$$

(5)对异常值时序分布进行预测。

本章小结

影响城市轨道交通运营安全的主要因素来自人员、设备、环境和管理四大方面。各因素之间相互交互影响，共同决定了城市轨道交通的运营安全，而城市轨道交通运营安全评价通常包含隐患指标、风险指标和事故指标。本章主要阐述了城市轨道交通运营安全评价方法，包括：层次分析法(AHP)，模糊综合评判法，基于数据包络分析(DEA)法，基于灰色系统法的评价法。从方法论的高度综合阐述了轨道交通安全的评价与分析。

思考题

(1)影响城市轨道交通运营安全的要素分为哪些？

(2)城市轨道交通运营安全评价指标体系主要采用哪些理论构建，各理论应用具有哪些优缺点？

(3)城市轨道交通运营安全评价方法有哪些？请具体说明。

(4)尝试综合采用本章所介绍的指标体系构建方法和评价方法，建立一个城市轨道交通运营安全评价体系。

第 4 章　危险源辨识与管控

随着科技的发展，城市轨道建设水平越来越高，建设质量也越来越好，因此，完全因轨道设施而发生的交通事故所占比例不大。但几乎每条城市轨道线路都不同程度地存在事故危险。这些事故一般由多种危险源导致，既有物理性危险源、化学性危险源、生物性危险源，又有心理或生理性危险源、行为性危险源、其他危险源。因此，识别城市轨道交通危险源并进而能控制其危险性是十分重要的。

4.1　危险源的识别

4.1.1　基本概念

危险源是指可能造成人员伤害、职业病、财产损失、作业环境破坏或这些情况组合的根源或状态。

危险源识别是确认危险源的存在并确定其特性的过程，实质是找出组织中存在的人的不安全行为、物的不安全状态、作业环境中存在的危害因素及管理缺陷。

4.1.2　危险源类别

危险源的主要类别有物理性危险源、化学性危险源、生物性危险源、心理或生理性危险源、行为性危险源五个方面，见表 4-1。

表 4-1　危险源分类

危险源	主要内容
物理性危险源	设备、设施缺陷(强度不够、刚度不够、稳定性不良、外露运动件等)
	防护缺陷(无防护、防护装置和设施缺陷、防护不当、防护距离不够等)
	电危害(带电部位裸露、漏电、雷电、静电、电火花等)
	噪声危害(机械性噪声、电磁性噪声、流体动力性噪声等)
	振动危害(机械性振动、电磁性振动、流体动力性振动等)
	电磁辐射(电离辐射：X 射线、γ 射线、a 粒子、β 粒子、中子、高能电子束等；非电离辐射：紫外线、激光辐射、超高压电场等)

续上表

危险源	主要内容
物理性危险源	运动物危害(固体抛射物、液体飞溅物、反弹物、岩土滑动、气流卷动等)
	明火
	能造成灼伤的高温物质(高温气体、高温固体、高温液体等)
	能造成冻伤的低温物质(低温气体、低温固体、低温液体等)
	粉尘与气溶胶(不包括爆炸性、有毒性粉尘与气溶胶)
	作业环境不良(基础下沉、安全过道缺陷、有害光照、通风不良、缺氧、空气质量不良、给排水不良、气温过高、气温过低、自然灾害等)
	信号缺陷(无信号设施、信号选用不当、信号不清、信号表示不准等)
	标志缺陷(无标志、标志不准、标志不规范、标志位置缺陷等)
化学性危险源	易燃易爆性物质(易燃易爆性气体、易燃易爆性液体、易燃易爆性固体、易燃易爆性粉尘与气溶胶等)
	自燃性物质
	有毒物质(有毒气体、有毒液体、有毒固体、有毒粉尘与气溶胶等)
	腐蚀性物质(腐蚀性气体、腐蚀性液体、腐蚀性固体等)
生物性危险源	致病微生物(细菌、病毒、其他致病微生物)
	传染病媒介物
	致害动物
	致害植物
心理或生理性危险源	负荷超限(体力负荷超限、听力负荷超限、心理负荷超限等)
	健康状况异常
	从事禁忌作业
	心理异常(情绪异常、冒险心理、过度紧张等)
	辨识功能缺陷(感知延迟辨识错误、其他辨识功能缺陷等)
	其他心理、生理性危险源
行为性危险源	指挥错误(指挥失误、违章指挥等)
	操作失误(误操作、违章作业等)
	监护失误

4.1.3　危险源的识别方法

1. 应关注的三种状态

(1)常规状态。正常生产过程中危险源的存在方式。

(2)非常规状态。非常规状态可以分成以下三种情况：

①异于常规、周期性或临时性的作业活动。

②偶尔出现、频率不固定,但可预计出现的状态。

③由于外部原因(如天气)导致的非常规状态,如启动、关闭、试车、停车、清洗、维修、保养等。

(3)潜在的紧急情况：

①不可预见其后果的情况。

②后果是灾难性的,不可控制的情况,如火灾、爆炸、严重的泄漏、碰撞及事故。

2. 识别危险源的步骤

(1)识别准备。

①确定分工。

②收集识别范围内的资料。

③列出识别范围内的活动或流程涉及的所有方面。

(2)分类识别危险源。从厂址、厂区平面布局、建(构)筑物、生产工艺过程、生产设备和装置、作业环境及管理措施六个方面进行分类识别。

(3)划分识别单元。识别单元是分类识别危险源的细化,可以按照工艺、设备、物料、过程来细化。同类的过程或设备可以划为一类识别对象,识别对象不宜过细或过粗。

(4)危险源的识别。先找出可能的事故伤害方式,再找出其原因。

(5)填写危险源登记表。

4.1.4 城市轨道交通危险源的识别

城市轨道交通危险源的识别涉及员工的健康与安全、行车安全、设备安全、消防安全、交通安全、乘客及相关方安全、财产损失和列车延误等范畴。

1. 危险源识别范围

危险源识别范围包括城市轨道交通覆盖内工作区域及其他相关范围内的生产经营活动人员、设施等。根据城市轨道交通管理及其他活动情况,可分成以下类别：

(1)按地点划分:轨道交通沿线各车站、车辆段、OCC(控制中心)大楼、办公楼等。

(2)按活动划分:常规活动、非常规活动、潜在的紧急情况。各活动所包含的主要内容见表4-2。

表 4-2　各活动的主要内容

活动类别	主要内容
常规活动	运营服务活动：依据运营时刻表组织列车运营、客运服务过程
	设备设施的设计、安装、调试、验收、接管、使用过程
	公共活动：相关部门均有的活动，包含办公室、电梯、叉车、消防设施、空调、空压机、抽风机使用，化学物品搬运储存、废弃等
	间接活动：为运营服务活动提供支持的活动，主要包括物资部仓库管理、检验、物料采购以及物料的使用管理、食堂管理等
非常规活动	设备设施维护保养，消防及行车疏散演习，因公外出，合同方在总部的活动（如工程施工、维修、清洁等）
潜在的紧急情况	火灾、爆炸、化学物品泄漏、中毒、台风、雷击、碰撞等事故事件（潜在的紧急情况的危险辨识，需要考虑紧急情况发生时和发生后进行抢险救援过程中存在的危险）

2. 确定危险源事故类型

在进行危险源识别前必项把危险源事故类型确定下来，以防止危险源识别不清晰不全面。通过借鉴国标《企业职工伤亡事故分类》(GB 6441—1986)及分析城市轨道交通运营过程可能产生的行车事故/事件、列车延误及财产损失等事故类别，确定危险源事故类型见表 4-3。

表 4-3　危险源事故类型

类别编号	事故类别名称	备注	类别编号	类别事故类型	备　注
01	物体打击	伤害事故	13	中毒和窒息	职业病
02	车辆伤害		14	其他伤害	
03	机械伤害		15	噪声聋	
04	起重伤害		16	尘肺	
05	触电		17	视力受损	
06	淹溺		18	其他职业病	
07	灼伤		19	健康受损	健康危害
08	火灾		20	财产损失(2 000 元及以上)	无伤害事件/事故
09	高处坠落		21	列车延误	无伤害列车延误事件
10	坍塌		22	行车事件/事故	含人员伤亡的事件
11	容器爆炸		23	可能引发的行车事件/事故的设备缺陷事件和行为事件	这里是引发行车事件的危险源
12	其他爆炸		24	其他事件/事故	无伤害

表 4-3 中"可能引发行车事件/事故的设备缺陷事件和行为事件"及"行车事件/事故"这两个事故类型是从属的关系，即"可能引发行车事件/事故的设备缺陷事件和行为事件"事故类型的风险属于"行车事件/事故"事故类型风险的危险源。涉及这种从属关系的事故类型可把运营过程中可能发生的重要风险所涉及的危险源划归到相关部门进行控制。

3. 划分危险源识别对象

在各部门列出识别范围内的活动流程所涉及的所有方面后，选用合适的设备分析法、工艺流程分析法或其他划分方法，根据事故类型划分危害事件，并根据以下内容划分危险源识别对象。

(1)对车辆设备大修的活动，可按用其工艺流程分析法划分识别对象。

(2)对设备维护及保养的活动，可按照以设备分析法为依据划分的设备作为危险源识别对象，并结合活动实施过程划分。

(3)使用设备时可根据具体操作过程划分。

(4)根据采购、存放、检测设备的过程划分。

(5)根据行车组织、客运组织过程划分。

(6)针对每一危险源辨识对象，参考危险源事故类型表，识别可能存在的事故/事件，并登记在表 4-4 所示的"危害事故/事件"栏以及"事故类型"栏内。

表 4-4 危险源识别与风险评价登记表

序号	部门/地点	活动	设备/设施/物料	危害事故/事件	事故类型	危险源	危险源类别	风险评价			风险级别	控制措施	备注
								风险发生时可能性	事故后果严重程度	风险值			

4.2 城市轨道交通系统主要危险因素及分级

4.2.1 城市轨道交通系统的三种运营状态

一般而言，城市轨道交通系统存在三种运营状态：正常运营状态、非正常运营状态和紧急运营状态，如图 4-1 所示。

(1)正常运营状态指列车白天和夜间的运营状态与运行基本相符的状态，正常

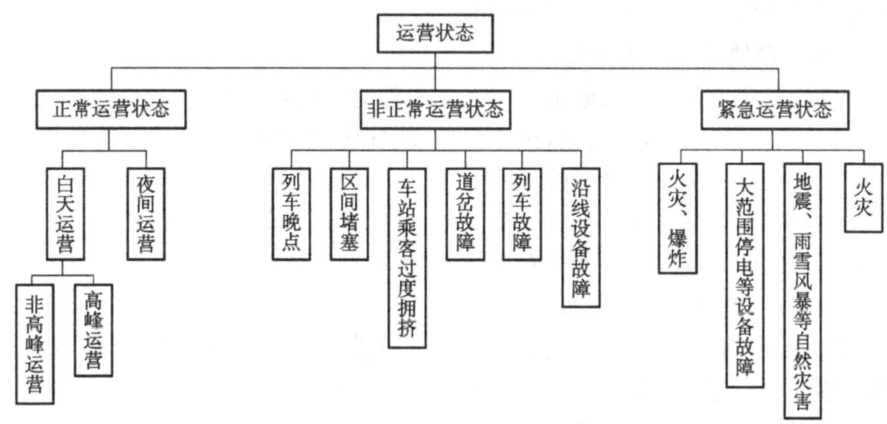

图4-1　城市轨道交通系统运营状态

运营状态又分为高峰时段和非高峰时段运营。针对这两种运营状态,城市轨道交通系统又采取了不同的客运行车组织方案和运行管理模式。

(2)非正常运营状态指因各种原因造成列车晚点、区间堵塞、车站乘客过度拥挤、道岔故障、列车故障、沿线设备故障等影响到正常的运营秩序的情况。经行车指挥系统按照应对方案及时进行调整,可在较短时间内使运营恢复正常,不会对乘客的人身安全造成影响。

(3)紧急运营状态指发生火灾、爆炸、地震、雨雪风暴等自然灾害及设备故障导致大范围停运等,致使部分区间或全线无法运营的情况。在这种状态下,又可能出现人员伤亡的严重后果,必须采取紧急事故抢险措施自救、减灾和抢险。

4.2.2　城市轨道交通运营系统主要危险因素分析

城市轨道交通系统的运营事故受两大方面因素影响,即内部因素和外部因素。内部因素主要是指设备设施故障或人为误操作等,外部因素主要是指恐怖袭击、乘客携带违禁物品、自然灾害、外界事故(如停电、水、气管道破裂)等。

1. 火灾因素分析

(1)内部火灾危险因素分析。车站、隧道以及列车内存在大量的电气设备等火灾危险因素;车站、列车内的建筑装饰材料、广告牌等为可燃材料,遇火可能会发生火灾危险;车辆、供电设备、机电设备等若处在超期服役状态,一旦发生故障,也可能导致城市轨道交通系统火灾事故。

(2)外部火灾危险因素分析。乘客违章携带危险物品、吸烟和吸烟后烟蒂随处乱扔等不当处置引起的火灾危险;人为因素(如恐怖袭击、投毒、纵火等)、意外明火引起的大灾危险;地铁车站站厅乘客疏散区、站台和疏散通道内违规设置的商业网点存在发生火灾的危险，且可能会引起连锁火灾事故。

2. 列车脱轨危险因素分析

列车脱轨主要是由城市轨道交通系统内部危险因素导致的。

(1)线路设计或铺设不合格，道岔伤损、轨枕伤损、道床伤损、接触轧伤损、钢轨断裂等均可能导致列车脱轨危险。

(2)列车超速，列车走行部件发生故障，可能导致列车脱轨危险。

(3)地铁列车、线路设备等存在老化现象，均处在超期服役状态时，这些设备一旦发生故障，可能导致列车脱轨事故。

此外，轨道周边物体侵入运营线路，如电缆脱落、抹灰层脱落等，异物侵入可引起列车损坏、列车倾覆、列车脱轨等重大、特大安全事故。

3. 地铁拥挤踩踏危险因素分析

地铁发生拥挤踩踏事故有两方面原因：一是车站内人员负荷过大，车站疏散通道或疏散楼梯不合理，车站站台、集散厅及疏散通道内有妨碍物疏散的设施或堆放物品，车站出入口存在缺陷或有突发事件时，都可能造成人员拥挤踩踏。二是其他原因，如地铁列车故障、火灾或其他危险状况等紧急情况发生时，也可能发生乘客挤伤、踩踏等危险。

4. 列车撞车危险因素分析

处于高速移动状态的列车，也伴随着高风险，一旦出现瞬间的设备异常或人员违章操作，可能造成撞车事故。撞车危险包括与第三方相撞、迎面相撞等。

5. 地铁中毒和窒息危险因素分析

在发生火灾事故情况下，可能产生大量烟气，存在中毒和窒息的危险；地铁发生火灾后会含有大量的烟雾，如果通风设施故障，可能造成中毒和窒息的危险；人为恐怖袭击使用的有害气体等也能造成中毒和窒息。窒息包括缺氧性窒息和中毒性窒息。

6. 其他危险因素分析

城市轨道交通系统内部的电动车辆、变电所、配电室、电缆、第三轨以及风机、水泵等，由于设备缺陷、设计不周、防护不当等技术原因可能导致触电伤害危险。此外，由于人为的违章作业、违章操作，也可能造成触电伤害危险。乘客使用扶梯时，可能造成碰撞、夹击、卷入等伤害。扶梯正常运行状态下的乘客违章乘梯，可能造成严重的乘客摔伤。列车车厢内灯管爆裂、内侧玻璃意外脱落等均可能导致机械伤害。此外，列车在紧急起动、制动时具有很大的惯性，可能导致乘客摔伤危险。乘客手扶车门、上下车时机选择不当或地铁列车设备故障等可能导致车门夹人等机械伤害。

4.2.3 城市轨道交通系统事故影响危险因素等级

1. 危险因素等级划分

城市轨道交通系统运营安全在世界上是非常突出且备受关注的问题，统计分析国内外城市轨道交通发生的各类事故，针对事故发生的次数、危害后果，可以对城市轨道交通存在的主要危险因素划分出等级——危险度，计算方法如下：

危险度＝严重性×概率

危险度的计算要同时考虑严重度大小和造成某种损失或损害的难易程度，损害发生的难易性一般用某种损害发生的概率大小来描述。计算危险度的具体方法是：

(1)根据对国内外城市轨道交通事故发生情况的分析，确定严重度取值标准和危害概率取值标准。

(2)按事故后果严重程度分析所得严重度分级赋值，按事故发生频次分析所得危害概率赋值。

(3)通过不完全统计，根据国内外事故的种类、发生的次数和后果损失情况，对影响城市轨道交通运营的危险因素等级情况进行划分，见表4-5。

表4-5 危险因素等级划分

事故种类	$S \times P = R$	等级序号	备　注
火灾事故	10×8＝80	1	考虑二次事故后的窒息情况
人为纵火、恐怖袭击等意外事故	10×7＝70	2	
列车脱轨事故	8×8＝64	3	
中毒和窒息事故	10×5＝50	4	
拥挤踩踏事故	8×6＝48	5	
列车撞车事故	6×5＝30	6	
其他事故	2×9＝18	7	

注：S 是指国内外发生各类事故的损失后果及其严重度赋值；P 是指国内外发生各类事故的频率情况及其危害频率赋值。

通过对城市轨道交通危险因素危险度分析可知，火灾事故的危险度值最高，人为纵火、恐怖袭击等意外事故在国外发生的次数相对较多。由于我国城市轨道交通历史相对较短，虽然截至目前有些事故尚未发生过，但不能排除其发生的可能性。

2. 城市轨道交通系统危害分析

根据国内外城市轨道交通事故危险度分析结果，对城市轨道交通系统存在的主要危害因素进行工艺危害分析(PHA)，表4-6所示为火灾危害(PHA)汇总。

表 4-6 城市轨道交通火灾危害(PHA)汇总

危险因素	可能发生位置	可能原因	事故后果
火灾	列车上	车辆电路短路等列车故障,车厢内可燃物着火,未熄灭的烟头,人为纵火	设备损失中断运营、人员伤亡
	车辆段	维修设备时违章作业,电气火灾	设备损失、人员伤亡
	车站	车站内的电气设备故障,乘客携带危险品,吸烟和吸烟后烟蒂随处乱扔等处置不当;人为纵火;站厅和通道内违规设置的商业网点发生火灾引起连锁火灾等	设备损失、人员伤亡、中断运营
	隧道	隧道内电缆着火,隧道内电气设备故障起火隧道内可燃物着火	设备损失、人员伤亡、中断运营

通过PHA,可知城市轨道交通火灾、爆炸、列车脱轨、拥挤踩踏等危险因素均可能导致严重的甚至灾难性的事故。

4.3 LEC评价法

4.3.1 LEC评价法概述

LEC评价法是对具有潜在危险性作业环境中的危险源进行半定量的安全评价的方法。该方法采用与系统风险率相关的三个方面指标值之积来评价系统中人员伤亡风险的大小。这三个方面分别是:发生事故的可能性大小(L),人体暴露在这种危险环境中的频繁程度(E),一旦发生事故会造成的损失后果(C)。风险分值$D=L\times E\times C$。D值越大,说明该系统危险性大,需要增加安全措施或改变发生事故的可能性,或减少人体暴露于危险环境中的频繁程度,或减轻事故损失,直至调整到允许范围内。

4.3.2 量化分值标准

对上述三个方面分别进行客观的科学计算,得到准确的数据是相当繁琐的过程。为了简化评价过程,采取半定量计值法,即根据以往的经验和估计,分别对这三个方面划分不同的等级并赋值。具体见表4-7至表4-9。

表 4-7 事故发生的可能性

L 值	事故发生的可能性
10	完全可以预料
6	相当可能
3	可能，但不经常
1	可能性小，完全意外
0.5	很不可能，可以设想
0.2	极不可能
0.1	实际不可能

表 4-8 暴露于危险环境的频繁程度

E 值	暴露于危险环境的频繁程度
10	连续暴露
6	每天工作时间内暴露
3	每周一次或偶然暴露
2	每月一次暴露
1	每年一次暴露
0.5	非常罕见暴露

表 4-9 发生事故产生的后果

C 值	发生事故产生的后果
100	10 人以上死亡
40	3～9 人以上死亡
15	1～2 人以上死亡
7	严重
3	重大、伤残
1	引人注意

4.3.3 风险分析

根据公式：$D=L\times E\times C$，可以计算作业的危险程度，并判断评价危险性的大小，其中的关键还是如何确定各个分值，以及对乘积值的分析、评价和利用，见表 4-10。

表 4-10 风险域值对应表

D 值	危险程度
>320	极其危险，不能继续作业
160～320	高度危险，要立即整改
70～160	显著危险，需要整改
20～70	一般危险，需要注意
<20	稍有危险，可以接受

对于任何有人作业的具体系统，都可以按照实际情况选取三种因素的分数值，然后计算 D 值，根据 D 值大小，可以判定系统危险程度的高低。

例如，某平交道口工作人员接车时，有时会被列车、汽车撞伤，或被列车坠落物件打伤。从之前的事故统计资料看，无一人死亡，轻伤仅发生两件。作业时间为每天工作 8 h。为了评价该道口岗位作业条件的危险性，首先要确定每种因素的分数值。

(1)事故发生的可能性(L)：属于“可能性小，完全意外”，$L=1$；

(2)暴露于危险环境的频繁程度(E)：道口工每天都在这样条件下操作，$E=6$；

(3)发生事故可能会造成的损失后果(C)：轻伤，$C=1$。

于是有

$$D=L\times E\times C=6<20$$

可知，该道口岗位作业条件的危险性等级为“稍有危险，可以接受”。

这种评价方法的特点是简便、可操作性强，有利于掌握企业内部危险点的危险情况，有利于促进整改措施的实施。问题是二种因素中事故发生的可能性只有定性概念，没有定量标准。评价实施时很可能在取值上因人而异，影响评价结果的准确性。对此，可在评价开始之前确定定量的取值标准，如“完全可以预料”是平均多长时间发生一次，“相当可能”为多长时间一次等。这样，就可以按统一标准评价系统内各子系统的危险程度。

根据经验，总分在 20 以下被认为是低危险的，这样的危险比日常生活中骑自行车去上班还要安全些；如果危险分值达到 70～160 之间，那就有显著的危险性，需要及时整改；如果危险分值在 160～320 之间，那么这是一种必须采取措施进行整改的高度危险环境；分值在 320 以上的高分值表示环境非常危险，应立即停止生产直到环境得到改善。值得注意的是，LEC 风险评价法对危险等级的划分一定程度上凭经验判断，应用时需要考虑其局限性，根据实际情况予以修正。

4.4 城市轨道交通安全运营控制体系

4.4.1 建立安全运营控制体系的目的

建立城市轨道交通安全管理控制体系的主要目的，是使城市轨道交通的安全生产和管理达到预先设定的目标，使事故等级和事故频率控制在预先规定的范围内，同时通过安全预防以及纠正措施，使安全运营工作持续改进，不断提高安全运营质量。建立安全管理控制体系应遵循法规性、可控系统程序性和差异性的原则。安全管理体系的具体目标包括：

(1)不发生职工(包括劳务人员)因公死亡及重伤事故；

(2)不发生重大运营事故、大事故和有责任乘客死亡事故；

(3)不发生重大火灾事故；

(4)不发生有责任交通死亡及重伤事故；

(5)不发生一定数额的有责物损的交通事故；

(6)严重晚点率低；

(7)险性事故和一般事故发生率低。

各城市轨道交通运营企业可根据企业自身特点和具体情况，制定适合自身安全运营管理的控制目标，建立安全运营管理体系。城市轨道交通安全运营管理体系可分为预先控制、过程控制及事后控制三部分。

4.4.2 安全运营管理预先控制

1. 组织保障

(1)建立健全安全运营管理网络。为了确保城市轨道交通运营企业安全管理工作始终处于可控状态，通过完善的组织管理措施，建立安全运营管理网络是一个必不可少的手段，同时在组织保障管理体系中，应体现安全运营工作“行政第一负责人为安全第一负责人”的原则，体现安全生产齐抓共管的管理理念。

(2)建立专门负责安全工作的组织机构，体现安全运营管理主体。在组织机构设置中，城市轨道交通运营企业应建立专门负责安全生产的部门，各安全生产管理职能部门在赋予的职能下展开安全管理工作，从而使企业安全运营管理工作能规范有序地进行。同时为了保障安全运营管理控制体现的实施效果，可成立公司级的安全生产委员会，指定专人担任运营安全的正、副组长，以其他公司领导为主要成员组成安全管理组织，该组织履行并负责安全工作重大决策的制定、企业安全生产控制目标的制定、重大事件的考核和责任的追究，从组织上着手落实安全生产工作。

2. 安全运营目标管理

(1)年度目标管理指标。明确的年度安全运营目标管理指标,是确保企业安全运营始终处在可控状态的重要手段,也是提高运营生产质量的有力保障。年度安全运营目标管理指标应该总结上年度安全运营的实际状况和本年度运营生产的特点,提出切实有效的年度安全运营控制指标,且根据企业的主要特点和现阶段主要矛盾不断修改,逐步提高。指标的设定应体现“安全第一,确保畅通”的安全方针。

(2)目标管理指标分解。在确定企业本年度安全运营控制指标的基础上,通过责任分解,层层落实,确保年度安全运营指标的实现。遵照相应安全原则落实安全责任制,推行符合相应目标的安全管理理念,从企业领导、部门领导、班组长直到每个员工,均应签订安全生产责任书,将安全责任和安全目标层层分解、步步落实形成职责清晰、层次分明、衔接紧密、覆盖全面的安全生产责任制体系,并将安全生产责任书完成情况作为每层级领导和每位员工绩效考核、岗位晋升的考核标准之一。通过各级安全目标的实现来确保年度指标的实现。

(3)目标管理指标下达形式。确定企业的安全运营目标管理指标后,应结合企业年度安全生产责任书,通过与单位行政第一人签约的方式承诺下达。

3. 安全运营风险评价及预警

(1)安全运营风险评估。城市轨道交通运营企业应定期或者不定期地对运营情况进行危险源辨识和安全评估,及时掌握当前的安全生产状况和潜在的风险,做到安全管理心中有数。根据安全评价的结果,及时调整安全工作的重点,对潜在的风险,制定防范措施,变被动安全为主动安全。对影响安全营运的设施设备难点问题进行专题研究,不断提高设施设备完好率,同时应学习国内外运营安全风险评估体系的先进方法,建立切合本企业运营实际的评估体系,并将其作为长效管理手段。安全运营风险评估工作应确保每年展开一次,若遇年度新线运营,在其投入运营前,应进行开通前试运营风险评估。安全运营风险评估工作可采用专家组或评估小组的方式进行。

(2)预警工作。城市轨道交通运营公司应建立反应灵敏的预警机制,通过危险源辨识,变事后补救为事先预防,通过建立设施设备的信息化管理手段,增强设施设备的状态监控;通过安全检查、业务考核等手段,增强从业人员的业务素质,并消除人为隐患;通过先进的健康技术,减少灾害天气下和突发事件对城市轨道交通运营的影响;通过强化预警机制的功能,及早发现隐患,力争将事故消灭在初期阶段。

4. 规范新线接管程序

在我国进入城市轨道交通建设的高潮阶段,顺畅高效的接管程序是确保新线顺利接管、按时开通的重要保障。因此,运营公司应建立和完善新线接管程序,规范建设、运营的接管点和职责，同时明确新线部室与相关部室的各自职责，确保新线接管安全顺畅。为此要从设计、施工、设备调试、验收等环节介入，不断进行安全评估，并进行总联调。

4.4.3　安全运营管理过程控制

安全运营管理过程控制就是围绕城市轨道交通生产运营工作流程的全过程进行过程控制，从生产计划和运行图的制定、调度指挥实施、车站客流组织和客运服务、设施设备的保障等各个环节进行全过程控制，通过各个环节有效的监控和正常运转，来实现城市轨道交通各个组成部分的联动有效运转。建立强化安全运营过程控制，采取积极有效的措施，将事后补救变事前预防，真正体现"安全第一、预防为主"的原则，同时，强化安全营运管理过程控制是实现公司安全运营目标的重要手段，也是确保公司运营安全的重要保证。

1. 行车安全控制

城市轨道交通行车安全是运营安全生产工作的重点，因此必须强化行车安全控制，及时消除行车中的各种设备和人为隐患，严格执行行车岗位标准化、规范化操作。

(1)确保运营安全规章的有效性、适应性、覆盖性。为了保障轨道交通安全运营工作，必须根据轨道交通行车工作的特点和设备设施的技术条件要求，建立安全管理制度，包括安全操作规程、事故处理规程、应急处理预案等在内的安全规章体系，以制度来规范安全管理的各个环节，以规范化保证安全，确保达到事事有章可循，严格落实安全生产规章制度。各类安全规章制度包括：操作类安全规章、设备操作类安全规章、设备保障单位安全运营管理规章、事故预案、安全管理规章。

(2)确保行车岗位人员操作的规范化、标准化，建立全面的安全运营规章后，要通过经常性的规章制度的培训和学习，让员工清楚理解规章制度；经常性检查督促员工严格执行各种规章制度；通过经常分析事故苗头、事故隐患、事故后果，使员工认识到遵守规章制度的重要性。

2. 设施设备保障

运营设施设备的好坏，直接关系到列车运行安全与否。因此必须采用先进的检查手段，及时发现设备的隐患，建立维修管理信息化系统，不断提高保证设备质量的措施，按照设备管理体系的要求，科学地进行设备管理工作，提高设备完好率和运营保障力度。

(1)完善设备科学化、信息化管理。设施设备的维修不仅要保证质量，还要保证速度。采用先进的设备检测技术和工具，快速检测到设备状态，查找故障点，及时、准确地掌握设备质量状态，为处理设备故障提供保障。设施设备维修管理要采用维修管理信息化系统，对维修过程中维修人员、工时、物料、检修规程等进行全面的监控，保证维修计划的落实，提高设备设施维修管理及维修水平。对设备的维修管理要做到精检细修、突出重点。在日常设备维修保养中，特别抓好车辆、接触网、螺栓等设备的巡视、检测、加油、清洁等工作，以小放大，杜绝大故障、大事故的发生。同时，集中技术力量解决运营生产过程中出现的技术难题，组织专业的技术人员进行攻关，从设备设施运营质量的角度为确保运营安全奠定坚实的基础。

(2)完善设施设备规程。标准与规程是实施设备管理工作开展的依据。由于城市轨道交通设备种类繁多，且不断更新升级，因此要求规章规程也要不断修改完善，每隔一段时间，企业应组织力量更新规章规程的版本，以适应实际生产的需要，同时将这些标准、规章规程作为企业职工技术培训和班组学习的主要内容，加强职工的标准化意识，规范日常工作行为，提高整体技术水平，确保设施设备的高质量。

3. 完善监控手段

(1)进一步加强运营时段现场管理，使之成为确保轨道交通运营始终处在可控状态的重要手段，深入运营一线，靠前指挥，抓小防大，安全观前移，提高现场处置能力。

(2)加强信息管理手段，提高突发信息传递速度。为提高应对突发事故处置能力，减少事故发生对运营的影响，应规范信息传递制度，理顺信息传递渠道。同时，城市轨道交通运营企业可发挥快速有效的信息传递系统的作用，提高短信群发系统的稳定性，使各层级领导、技术骨干在第一时间掌握各类运营生产信息。

(3)坚持和完善运营管理交接班会议制度。利用运营交接班制度，能及时将前一日的运营情况进行分析，协调解决运营生产中的实际问题，并能随时掌握运营安全动态，做到运营安全天天受控。

(4)坚持和完善月度运营例会制度，有利于及时分析安全运营状况和形势，把握安全动态，制定有效应对措施。

4. 开展岗前培训和演练

(1)制定安全教育制度，明确安全教育内容和要求，通过各种途径和手段加强宣传教育和培训，增强员工安全防范意识，提高安全技能。对新员工落实“三级”安全教育制度，使员工在上岗前符合岗位安全知识、技能、等级的要求。其次，根据安全生产的实际需要，评定运营生产系统中各个岗位的安全等级，制定各个等级的安全知识和安全技能要求，对员工进行分层培训、考核。实现安全关键岗位持证上岗，同时运用国内外同行业的事故事件，通过编制“事故案例”等手段教育员工，不断强化员工的安全意识。

(2)在以上事故预案处置的基础上,组织制定演练计划,定期和不定期地组织各层级切实有效地开展各种演练,不断提高各级员工对预案的熟练程度以及应急应变的能力。

(3)定期开展"城市轨道交通安全宣传周",并结合国家安全生产月的活动,充分发挥车站和列车广播等宣传方式,进行广泛的安全教育,提高市民对城市轨道交通的安全意识。

5. 安全检查

安全检查是落实安全工作的重要一环。通过查隐患、查整改、查落实,控制人的不安全行为、车辆的不安全状态和环境的不良因素对城市轨道交通运营的影响。同时,各单位仍要坚持日常检查和定期检查相结合,专项检查和综合检查相结合,及时发现各类隐患,并认真抓好整改工作。

4.4.4　安全运营管理事后控制

1. 完善抢险救援中心运转机制

为了能快速、有效地处置运营突发事件,城市轨道交通运营企业需成立抢险教授中心,负责整个城市轨道交通系统设施设备紧急抢修和抢险等救援工作,实行准军事化管理,全天候待命。抢险救援中心应设立多个抢险车辆备勤点,进一步完善抢险教授中心的运转机制,特别是应考虑如何在网络化运营的高度来合理设置抢修点,以增强应急救援的反应能力。

2. 建立事故处理规范程序

针对城市轨道交通发生的事故,对事故源头和安全隐患进行分析和处理,坚持从管理上找原因。通过事故分析查找原因,整改隐患,完善规章,改进管理措施,杜绝同类事故再次发生。落实贯彻预防为主的方针,在管理人员中树立高度的安全责任意识,切实做到事事都有人负责。

3. 安全整改

对日常运营生产中暴露的安全隐患,开展各种安全隐患整治活动,对城市轨道交通安全运营的各类隐患进行梳理排查,确保设施设备处于正常可控的运营状态。并针对运营过程中出现的设备系统问题,组织专业的技术力量进行攻关。

4. 完善考核和责任追究制度

(1)制定职工手册作为职工考核的依据。

(2)制定月度经济责任制考核制度。

(3)制定领导干部安全责任追究制度。

(4)制定运营业主单位安全责任风险抵押金制度。

本章小结

本章从城市轨道交通危险源识别，城市轨道交通系统主要危险因素及分级，LEC评价法城市轨道交通安全运营控制三大方面加以介绍。通过本章的学习，使读者熟悉识别危险源的方法，了解城市轨道交通系统的主要危险因素，掌握城市轨道交通安全控制相关知识，尽量预防和减少事故的发生。

思考题

(1)危险源如何分类?

(2)危险源的识别方法有哪些?

(3)城市轨道交通运营的主要危险因素有哪些?

(4)城市轨道交通运营模式如何划分?

(5)城市轨道交通危险源的识别范围是什么?

(6)城市轨道交通运营安全控制过程是什么?

第5章 城市轨道交通事故应急救援与处理

城市轨道交通系统体系庞大，且系统内部以及系统外部存在多种联系的可能的组合，其中任何一个环节都可能出现隐患，从而导致难以预料的后果。而城市轨道交通系统一旦发生突发事件，往往造成或可能造成巨大的生命、财产损失和环境破坏。当突发事件不能完全避免时，能够及时组织有效的应急救援行动，并进行妥善处理已成为降低突发事件危害的关键手段。应急救援与处理是应对突发事件问题而提出的，指的是政府部门或企业单位等组织通过建立必要的应对机制，应用科学技术、规划和管理等手段，对可能发生的不利后果进行事前预防、事发应对、事中处置和善后恢复过程中有计划、有组织的活动。

5.1 城市轨道交通应急保障

应急保障是指对即将出现或者已经出现的灾害而采取的一系列必要救援保障措施，包括突发事件在发生前的各种备灾措施、发生时的具体行动、发生后的救灾工作，防止、避免和减少可能由于自然原因和社会相互作用而导致的突发事件。其目的就是尽最大可能通过科学的有效组织协调，来保护人民生命及财产安全，将经济财产损失降到最低程度，促进社会和谐健康发展。

5.1.1 突发事件概述

1. 突发事件的定义

突发事件是指在城市轨道交通运营场所内，因不可预见的或不可控制的因素造成以下一种或几种后果，须立即处理的偶然性事件。

(1)事态发展可能或已经导致人员伤亡。

(2)严重影响城市轨道交通运营生产。

(3)需要依靠外部支援进行处理。

2. 突发事件的分类

突发事件分为：自然灾害、事故灾难、突发公共卫生事件、突发社会安全事件等。

(1)自然灾害，主要包括强台风、强降雨、地震等。

(2)事故灾难,主要包括火灾、爆炸、列车脱轨、列车冲突、列车颠覆、接触网断线、严重水浸、大面积停电、城市轨道交通构筑物坍塌等。

(3)突发公共卫生事件,主要包括恶性传染病疫情、食品安全与职业危害事件等。

(4)突发社会安全事件,主要包括突发性大客流、重大刑事案件(炸弹恐吓、毒气、劫持)、有毒化学物质泄漏、放射性物质扩散等。

3. 突发事件的分级

依据可能造成的危害程度、涉及范围、影响大小、行车中断时间、人员伤亡及财产损失等情况,突发公共事件由高到低划分为特别重大(Ⅰ级)、重大(Ⅱ级)、较大(Ⅲ级)、一般(Ⅳ级)四个等级。

(1)城市轨道交通运营中一般突发公共事件是指事态比较简单,城市轨道交通局部运营中断 1 h 以内的,运营秩序受到较严重影响,城市轨道交通运营单位能够处置的突发公共事件,但需报交通主管部门备案。

(2)城市轨道交通运营较大突发公共事件是指事态比较复杂,运营秩序受到严重影响,以运营单位为主进行处置,必要时由市交通主管部门协调相关专业应急机构业务指导或支援就能处置的突发公共事件。应具备下列条件之一:

①因设备故障等原因造成中断运营 1 h 及以上;

②部分运营区域发生突发性大客流需要地面交通协助疏散;

③隧道大面积的积水需要市政部门协助抢险。

(3)城市轨道交通运营重大突发公共事件是指事态复杂,运营秩序受到重大影响,已经或可能造成重大人员伤亡、财产损失或环境污染等后果,需要市应急指挥中心和市交通主管部门调度有关部门联合处置的突发公共事件。应具备下列条件之一:

①人员重伤或死亡 1 人及以上;

②运营场所发生火灾、爆炸、毒气、恐怖袭击事件;

③发生突发性大客流,运营秩序可能或已经失去控制;

④运营列车冲突、脱轨或颠覆;

⑤因设备故障等原因造成中断运营 4 h 以上;

⑥其他事态复杂,对运营秩序造成重大影响的突发公共事件。

(4)城市轨道交通运营特别重大突发公共事件是指事态非常复杂,运营秩序受到特别重大影响,已经或可能造成特别重大人员伤亡、财产损失或环境污染等后果,需要市处置突发事件委员会统一协调、指挥各方面资源和力量处置的突发公共事件。应具备下列条件之一:

①人员死亡 3 人及以上或重伤 5 人以上;

②运营场所发生火灾、爆炸、毒气、恐怖袭击、轨道交通构筑物坍塌事件，造成人员伤亡；

③因设备故障等原因造成中断运营 8 h 及以上；

④其他事态非常复杂，对运营秩序造成特别重大影响的突发公共事件。

4. 突发事件的处理原则

突发事件的处理应遵循以下原则：预防为主、以人为本、反应迅速、先通后复等。

(1)预防为主

建立健全综合信息支持体系，准确预测预警，采取有效的防范措施，尽一切可能防止突发公共事件的发生。对无法防止或已经发生的突发公共事件，尽可能避免其造成恶劣影响和灾难性后果。

(2)以人为本

抢险工作应坚持“先救人，后救物；先全面，后局部”的原则，优先组织人员疏散、伤员抢救，同时兼顾重点设备和环境的保护，将损失降至最低限度。通过采取各种措施，建立健全应对突发公共事件的有效机制，最大限度减少因突发公共事件造成的人员伤亡。

(3)反应迅速

建立“高度集中、统一指挥、逐级负责”的应急指挥体系，建设统一管理、装备精良、技术熟练、反应迅速的专业救援队伍，切实做到早发现、早报告、早控制。

(4)先通后复

发生突发事件和灾害后，城市轨道交通运营单位应启动有效的前期处置预案，配合所在城市的应急机构，尽快恢复正常运营。

在城市轨道交通系统中，可能会发生或存在多种潜在的事故类型，例如，大面积的长时间停电、火灾、水灾、地震、危险物质泄漏、放射性物质泄漏、恐怖袭击等。此外，城市在开展各类大型活动时也可能出现重大客流等紧急情况。因此，城市轨道交通应急管理既要做到突出重点，准确反映城市轨道交通的主要重大事故风险；又要合理地编制各类预案，避免各类预案间相互孤立、交叉和矛盾，从而使任何可能发生的事故局部化，尽可能消除、减少事故造成的人员伤亡和财产损失，尽快恢复交通。

5.1.2　应急救援保障

1. 应急救援保障的概念

应急救援保障是指对即将出现或者已经出现的灾害而采取的一系列必要救援保障措施，包括灾害发生前的各种备灾措施、紧急灾害期间的具体行动、灾害发生后的救灾工作，防止、避免和减少可能由于自然原因和社会相互作用而导致的灾害出现的减灾措施等。其目的就是尽最大可能通过科学的有效组织协调，来保护人民生命及财产安全，将经济财产损失降到最低程度，促进社会和谐健康发展。

城市轨道交通应急救援保障的内涵包括预防、预备、响应和恢复四个阶段，预防是指从应急保障的角度出发，防止突发事件或事故的发生；预备是指事故发生前采取的行动，目的是应对事故的发生，并提高应急行动能力，推进有效的响应工作，主要任务为制订应急预案及完善应急保障系统；响应是指事故发生后立即采取的行动，目的是保护生命，将财产损失降至最低程度；恢复是在响应结束后立即进行，目的是使交通运营恢复到正常状态或得到进一步改善。

2. 应急救援保障的内容

(1)应急救援队伍保障机制

结合轨道交通运营的业务特点，城市轨道交通运营单位应建立专职或兼职的应急救援队伍，配置必要的救援装备，并制定应急救援队伍值班、备勤、通信、训练、演练、应急救援、业务学习等管理制度和程序，及时调整、补充应急救援专业队伍人员，保持应急救援队伍稳定，确保应急救援能力。

(2)应急物资保障机制

城市轨道交通运营单位应建立应急物资分级管理机制，各种应急物资设备主要按照管理责任区域放置，划分为专业抢险物资、防洪应急物资、消防应急物资。各车站应储备有空气呼吸器、消防应急物资、防洪应急物资；车辆段应储备有防洪、救援、应急照明等各类应急物资，保障应急抢险工具配备齐全。

(3)应急技术保障机制

结合运营业务和运营应急事件处理要求，城市轨道交通运营单位应建立应急专家组，由城市轨道交通运营单位各专业(含供电、机电、工建、车辆、通号、运输、安全管理、应急管理等)的专家组成，必要时可聘请外部专家参与。开展应急技术保障工作，在应急情况下作为应急支援的主要力量参与应急抢险。

(4)应急外部联动机制

为加强运营应急保障联动工作，城市轨道交通运营单位应积极与地方政府和相关单位联系，建立、完善多层次的运营应急联动工作机制，实现纵向对接、横向联动。应与消防、公安、街道等政府部门，与公交、电力、燃气等企业建立应急联动机制，有效提高应对突发事件的处理能力。

同时应积极与其开展应急联动演练，形成“政府统一领导、部门协调联动、企业主动到位、社会共同参与”的企业应急管理工作格局，可较大幅度地提高城市轨道交通运营单位突发事件的应急处理能力。

5.2 城市轨道交通应急救援体系

5.2.1 应急救援体系

1. “一网五库”应急救援体系

(1)按国家、省市对应急管理的要求,企业需要按“一网五库”建设和完善系统性的应急体系。“一网五库”是指应急指挥联络网、应急预案库、专家人才库、应急队伍库、应急工具物资库、案例库。

①应急指挥联动网。完善以线网指挥中心为核心的应急联动网,使线网应急指挥中心充分发挥“外联内调”的作用,确保突发事件得到有效处置和资源的高效利用。

②应急预案库。对目前城市轨道交通运营单位专项预案进行重新梳理与完善,突出重点,明确行车应急事件、大客流及踩踏事件、恶劣天气等突发事件的专项预案。完善车辆脱轨、颠覆的预案,如大型起吊车的购买或临时租赁使用等问题。

③专家人才库。成立弓网专家组、轮轨专家组、桥梁隧道结构专家组(针对地铁设施破坏)、防洪防汛专家组,为运营应急处置提供强有力的后盾,同时考虑引入外部专家智囊团为应急救援提供支撑。

④应急队伍库。根据专家组的设定划分完善专业救援队伍建设,结合线网的实际情况,细分应急救援区域,制定救援基地到所辖区域各地铁站点的走行路线。

⑤应急工具物资库。根据城市轨道交通运营线路的特点,配置救援抢险必备的工器具和线路、供电复通需要的设备、设施、材料;配置专业切割工具,用于地下空间救援求生、清理故障部件;增购大吊臂车,处置脱轨颠覆扶正;增购公铁两用消防车,用于专门应对处置隧道火灾事故。

⑥案例库。形成国内外大型安全事故案例库、业内同行安全事故案例库、企业内部安全事故案例库,并组织分析,形成详尽的专门分析报告,供全体员工共同学习提高,有效处置突发事件。

(2)应急救援指导思想:统一指挥、分级负责、各司其职、分工协作。应急救援包括应急事件的预防与应急准备、监测与预警、应急处置与救援、恢复与重建四个动态过程。

2. 应急救援体系的建立

(1)应急救援体系的组成

应急救援要对应急事件的全过程实施管理,应建立完整的应急组织架构,根据应急事件的预防、预警、发生和善后四个发展阶段,建立突发应急事件的事前预防、事发应对、事中处置和善后管理的运作及保障机制，建立完整的预案体系。应急救援体系主要有四个组成部分：

①组织体制：包括管理机构、各功能部门、应急指挥、救援队伍，从组织体制上保证有兵可用，听从指挥。

②运作机制：包括统一指挥、分级响应、属地为主。通过整合、利用现有各种人力、物资、设施、装备，建立起一个职责明确、结构完整、反应灵敏、运作协调的应急救援组织。

③法制基础：包括由政府颁布的规章，如应急救援管理条例；市政府颁发的各类预案、法令、规定等；与应急救援活动直接有关的标准或管理办法等。确保整个救援活动有法可依。

④保障系统：包括信息通信、物资装备、人力资源、财务经费。一个完善的保障系统包括信息的通信，在事故发生以后，要和各方进行及时的联络，必须要有通信及物资、人员和经费的保障，应急救援工作才会顺利进行。其中，搭建集中管理的信息与通信系统平台是应急救援体系最重要的基础建设。

应急救援体系如图 5-1 所示。

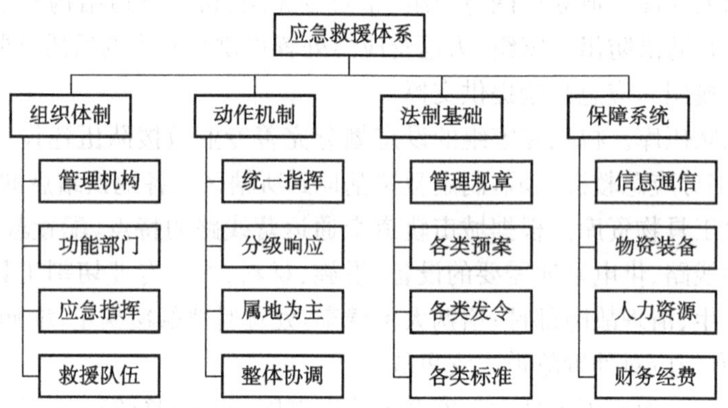

图 5-1　应急救援体系

(2)预警监测机制的建立

通过建立健全事故监测与预警制度，对可能发生应急事件的区域和设备进行监测，通过多种途径收集监测数据，对发生应急事件的可能性及影响进行评估，对可能发生的应急事件进行预警，通过预警对潜在的应急事件起到预防的作用，并及时采取措施减少、消除应急事件发生的后果。

(3)应急专家组的建立

结合运营业务和运营应急事件处理要求建立运营应急专家组，由城市轨道交通运营单位各专业，含供电、机电、工建、车辆、通号、运输、安全管理、应急管理等方面的专家，必要时可聘请外部专家参与。城市轨道交通运营单位视情况针对各专业成立专业应急小组，完善应急专家组管理工作。

各专业专家需建立档案，并根据人员变动情况每年进行定期更新。专家组档案主要包括专家成员的姓名、单位、行政职务、技术职称、专业特长、联系方式等内容。

(4)建立城市轨道交通运营单位应急处置能力模型

运营应急处置是城市轨道交通运营单位必备的工作，应急管理应做到"无急可应、有急能应"，即通过有效的管理使应急事件的发生概率趋向零，避免发生人为的应急事件，当不可抗力的突发事件发生时，能及时有效地应对。因此，城市轨道交通运营单位必须清楚城市轨道交通运营的应急需求、自身的应急能力、政府和社会上应急资源的可利用情况，明确本单位的应急处置能力和配置要求。

①应急处置能力模型搭建思路

遵循统一指挥、逐级管理、应急有备、处置高效的思路，通过全面统筹突发事件抢险各环节应急能力建设，兼顾近期需求与长期发展，开展抢险能力模型研究：

a. 通过开展应急抢险能力评估和需求分析，对城市轨道交通抢险所需要的内、外部单位资源力量开展研究，建立并完善应急外联机制。

b. 有效整合内外部应急救援力量，组建各级综合性应急救援队伍，科学规划专业应急救援队伍的规模和布局，提高应急救援的覆盖面，初步建立满足线网抢险需要的应急抢险救援力量。

c. 合理配置各专业的抢险工器具，针对可能发生的事故事件，确定各类抢险工器具的配置标准和原则，提高抢险组织效率。

d. 优化现场抢险处置流程，保证应急救援各环节工作的顺利开展，确保可以有效应对城市轨道交通运营中各类突发事件。

应急处置能力模型按照"开展风险评估—确定事故类型—确定应急队伍及工器具的内外部需求—应急队伍建立及工器具如何配置"的步骤逐步开展，最终形成适应大线网运营的应急能力。每一步骤的开展都以前一阶段的研究成果为前提。

在应急处置能力模型研究中需要梳理、明确哪些能力是城市轨道交通运营单位具备的，哪些需要外部力量进行支援。对于运营单位具备的抢险能力，按照分层次配置原则(如线路、区域、线网)对抢险工器具的配置方式、规格、参数及所需资金等进行明确。对于委外抢险能力，应明确外联工作的相关职责、日常交流机制的建立、应急联动的相关要求等。

②应急处置能力的应用

城市轨道交通运营单位根据运营线路的特点、运营场所与周边环境情况，结合乘客运输服务需求和法律法规、政府对企业应急管理的要求，系统分析运营服务环境与运营单位的应急处置需求，得出城市轨道交通运营单位应急处置能力评估报告，必要时组织同行业的专家学者进行评审，确定本单位的应急处置需求。

城市轨道交通运营单位应急管理机构还需同步摸查本市应急保障体系的状况，积极主动地与政府主管部门进行对接，推动政府牵头建立"××市地铁安全应急保障联动工作机制"，借助外部力量提高城市轨道交通运营单位的应急保障能力，如地铁公司提前与市交委、应急办、公安局地铁分局、属地区(县级市)政府应急办、街道(镇)、公安交警大队及燃气公司等单位建立应急联动机制。

在上述两个环节的基础上，得出城市轨道交通运营单位应急处置能力模型(图 5-2)，明确运营应急处置能力需求。根据应急处置能力配置总体要求，系统地开展或完善本单位的应急管理能力建设，为运营应急管理提供根本保障。对于某项应急处置能力的实现，如轨道交通车辆脱轨后的起复，其所需的大型汽车吊、轨道吊机等，政府的职能部门通常也没有配备，城市轨道交通运营单位需要评估自己配备，还是通过寻找市内具备起复能力的铁路或大型运输企业，邀请他们加入城市轨道交通运营单位的应急联动保障队伍，从而确保应急处置能力的完整性。

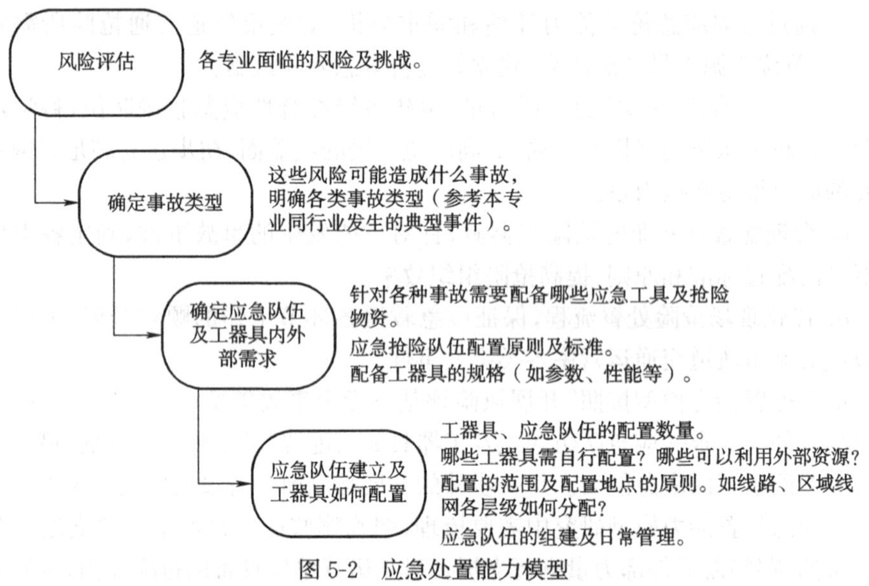

图 5-2　应急处置能力模型

5.2.2　应急救援体系的机构设置

根据《国家处置城市地铁事故灾难应急预案》，城市地铁事故灾难应急处置组织机构分为三个层次：一是国家应急机构，即国务院或国务院授权建设部设立城市地铁事故灾难应急领导小组(以下简称"领导小组")，领导小组下设办公室、联络组和专家组；二是省级、市级地铁事故灾难应急机构，该机构比照国家地铁事故灾难应急机构的组成、职责，结合本地实际情况确定；三是地铁企业事故灾难应急机构，地铁企业应建立由企业主要负责人、分管安全生产的负责人、有关部门参加的地铁事故灾难应急机构。

应急救援保障机构从功能上讲，可由应急运转指挥中心、事故现场指挥中心、支持保障中心、媒体中心和信息管理中心五个运作中心组成。其中应急运转指挥中心负责协调应急组织各个机构的动作和关系，主持日常工作，维持应急救援系统的日常运作；事故现场指挥中心负责事故现场应急的指挥工作、人员调度、资源的有效利用；支持保障中心负责提供应急物质资源和人员的后方保障；媒体中心负责处理媒体报道、采访、新闻发布会；信息管理中心负责信息管理、信息服务。各中心要不断调整运行状态，协调关系，形成一个有机的整体，使系统快速、高效施行现场应急救援行动。

城市轨道交通企业应急救援保障机构应按照属地为主、分工协作、应急处置与日常建设相结合的原则建立，在应急处置过程中实现统一指挥、分级负责、科学决策，保证事故灾难信息的及时准确传递、事故快速有效处置，同时还要做到既保证常备不懈，又降低运行成本。

目前，应急救援保障体系、机构设置，主要有以下几类：

1. 层级型

由城市轨道交通运营企业主要负责人为总负责，组建公司、部门两级应急系统。公司级包括企业主要负责人、分管安全生产的负责人及安全、保卫、调度、设备、信息管理、对外联络、卫生、物资保障、环保等各部门负责人员；建立二级部门应急机构，并延伸至基层班组。

2. 联动型

由城市轨道交通运营企业主要负责人为总负责，将运营中发生的所有行车、设备、消防、治安等安全信息报城市轨道交通控制中心，城市轨道交通控制中心组成联动中心，统一指挥相关部门处置各类安全减灾及应急工作。

3. 专职型

城市轨道交通运营企业建立应急救援管理指挥专门机构和专业应急救援队伍，内设信息管理、应急管理(抢险、指挥)、重大危险源管理三个职能部门，负责城市轨道交通安全生产信息接收、汇总、上报、发布，重大事故隐患、预案编制管理，应急培训，预案演练，救援物资管理，抢险指挥，重大危险源建档、管理，专家库管理，查处谎报、瞒报案件等工作，使应急救援工作贯穿于安全生产事故的事前预防、事中应急、事后管理中，形成安全生产应急救援工作的一条较为完整的工作链和工作体制、机制。

《国家处置城市地铁事故灾难应急预案》中规定，城市地铁企业必须建立由企业主要负责人、分管安全生产的负责人、有关部门参加的地铁事故灾难应急机构。地铁企业可根据自身的发展规模、线路长度、员工素质等情况选择适合企业自身的安全、应急管理体系和机构。

5.2.3 突发公共事件应急响应

1. 突发公共事件应急处理机构

突发公共事件应急处理机构由应急处理领导小组和救援队组成，突发事件发生时，所有运营员在突发事件应急处理工作中须服从应急处理机构的指挥。

(1)突发事件应急处理领导小组。城市轨道交通运营单位突发事件应急处理领导小组为非常设机构，在启动应急预案时，一般由运营单位负责人及运营生产部门、安全部门以及物资保障等部门负责人组成。城市轨道交通运营单位突发事件应急处理小组负责人为突发事件现场处理城市轨道交通方的最高负责人。

突发公共事件应急处理领导小组的主要职责为以下几点：

①负责运营单位突发事件应急处理的组织指挥与决策，指挥员工或配合外部支援单位进行应急处理。

②在应急处理中随时保持与城市轨道交通公司、市政府有关部门及事件现场的通信联系。

③领导小组组长担任现场应急处理负责人。

④小组成员直接领导下属参与应急处理，向组长负责。

⑤负责组织应急处理预案的演练。

⑥负责组织突发事件处理后的检查、分析与改进工作。

⑦负责应急处理救援队机构和工作组织方式的调整。

⑧负责应急处理救援队队长岗位待命人变化的审批。

(2)突发公共事件调度指挥中心。城市轨道交通控制中心是城市轨道交通公司突发公共事件调度指挥中心，作为突发事件信息传递中枢，承担突发事件信息集散功能，在应急处理过程中密切保持与应急处理专业机构和各站、列车和车厂的联系。其主要职责如下。

①负责突发事件应急处理工作中的行车、电力和环控调度工作，并按现场应急处理负责人的需要提供支持。

②组织、协调、调度运营单位各部门之间的应急处理工作。

③向公司相关部门及市应急指挥中心发布信息，为应急处理提供决策依据。

④协助、配合市应急指挥中心处理突发公共事件。

(3)应急处理救援队。应急处理救援队由各专业救援队组成，包括维修救援队、车辆救援队等，各专业救援队队长一般由本专业部门主任工程师以上职务员工担任，队员包括本专业技术业务主管人员和安全监察或安全员。其主要职责如下：

①协助现场应急处理负责人进行救援抢险工作。

②作为城市轨道交通设备系统各专业代表，向现场应急处理负责人提供相关设施设备和救援抢险的技术支持。

③提供救援抢险物资、器材的供给；运输和人员运送等。

④组织参与救援抢险工作、落实现场应急处理负责人的指令。

⑤做好与外部支援之间的协调、配合工作。

应急处理救援队所有成员属随时待命人员，必须保证移动电话 24 h 开机，尽量保持两种以上的即时通信联络办法，在接到紧急通知后尽快赶到事发地点集合，需携带救援抢险物资、器材和装备的人员应赶赴存放地点集合。救援队每个岗位至少应另有 1 名备用人员，以便接替进入待命状态。救援队配备的救援抢险物资、器材和装备须专人、定点保管，保持良好的状态，随时投入使用。

(4)车站抢险组。车站抢险组一般由城市轨道交通车站当班值班站长以及车站其他员工组成，包括前来支援的其他车站员工和人员，车站抢险组统一由值班站长负责指挥，主要负责组织、指挥、实施车站救援抢险工作。

(5)物资保障组。物资保障一般由运营单位物资部门负责，它负责提供救援抢险所需物资。

(6)运输保障组。运输保障一般由运营单位综合或后勤部门负责，它负责提供救援抢险所需的交通工具。

(7)新闻信息管理组。新闻信息管理一般由运营单位综合或后勤部门负责，它负责向新闻媒介或城市轨道交通外部部门发布突发事件新闻信息。

2. 城市轨道交通运营应急响应

一个完善的应急响应体系应能在事故和灾害发生时及时调动并合理利用应急资源(包括人力资源和物资设备资源)投入救援行动事故现场，针对事故灾害的具体情况，选择适当的应急对策和行动方案，从而能及时有效地进行应急救援行动，使伤害和损失降至最低，并在最短时间内控制事故。

(1)应急事件的处置决策

运营应急事件的决策可以划分为地铁车站、调度机构、运营单位、地铁集团、政府五个层面。

政府层面主要相关部委有市公安主管部门及防空办、市应急办、属地政府、市安监局、消防部门、市卫生主管部门、市交通主管部门。

在突发事件发生后，由车站、OCC 进行先期处置，并根据事件对运营服务的影响，线网指挥中心介入，在线网层面组织处置。必要时由运营单位决策重大事项，为应急处置指明方向，并向政府部门报告事件的影响，执行政府的指令。

发生应急事件时的应急决策应科学合理地研究判定事件的影响，制定应急处置方案的有效性及实施时机，特别是主要行车技术设备故障的情况下，应合理选择故障抢修或按设备故障情况使用局部功能维持运行。

(2)应急分级响应

根据《国家突发公共事件总体应急预案》及《国家处置城市地铁事故灾难应急预案》对事件等级的规定,城市轨道交通行业严格按照规定及城市轨道交通运营特性对应急事件进行分级。以《广东省处置城市地铁事故灾难应急预案》为例,对各类突发事件根据影响、损失等进行分级,并明确了各级突发事件的响应主体单位。各级突发事件对应的响应等级及适用的应急预案如图 5-3 所示。

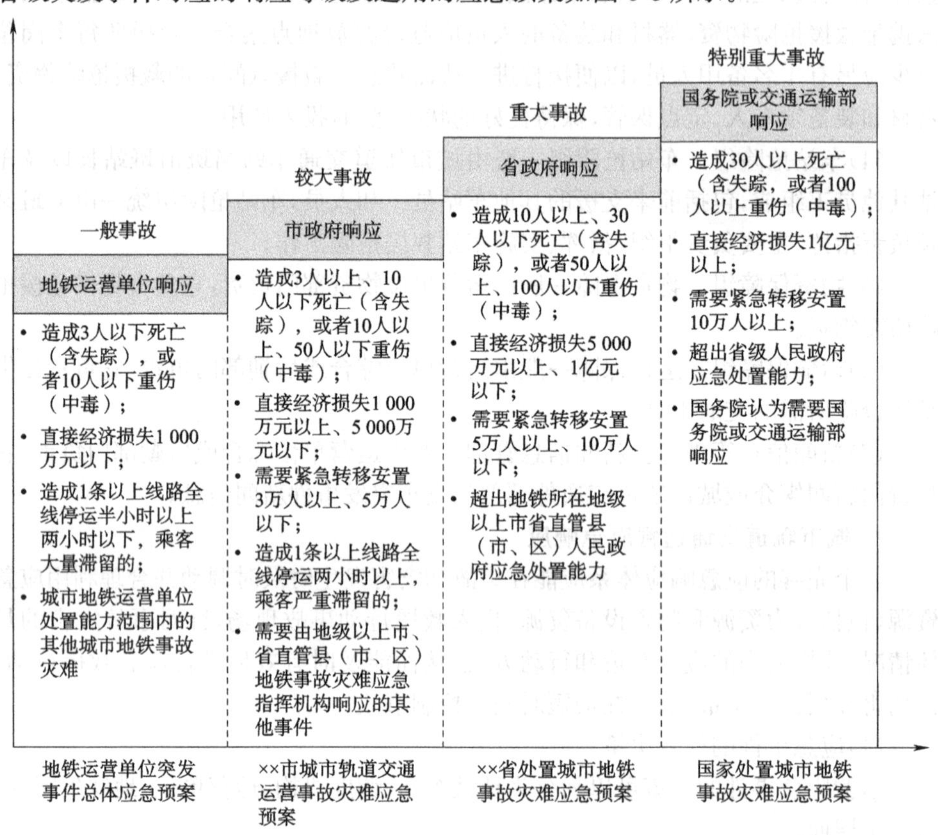

图 5-3 应急预案分级

(3)应急事件的现场处置组织

①应急现场抢险组织的总体要求

安全第一、统一指挥。参与抢险的各层级、各专业人员多,因此,统一指挥、服从指挥,保障抢险指令的唯一性,是抢险组织的根本原则。实行现场总指挥总体负责制,任何单位和个人都必须听从执行现场总指挥的指令。

逐级负责、协同作战。抢险是一项综合性的复杂工作,各小组按分工逐级落实责任，相互配合，切实保障应急抢险各项工作的高效、有序开展。

属地管理、科学决策。按照谁主管谁负责的原则，各司其职，由事发中心作为应急抢险的主体单位开展应急抢险工作。建立健全应急指挥机制，充分发挥技术专家团队的作用。

信息畅通、指令快速。保证抢险过程中现场总指挥与各小组组长之间、现场与轨道交通网络运营协调与应急指挥室（以下简称 COCC）、线路控制中心（以下简称 OCC）之间信息准确、畅通，为应急决策及处置提供通信保障平台。

②现场抢险指挥架构

当应急事件预计达到运营单位级或以上响应时，由 COCC 发布总部级应急抢险指令，总部成立现场指挥部，抢险保障组、安全保障组、技术保障组、协调保障组及信息发布组自然成立。抢险保障组下设 4 个小组：通信保障、设备抢修、行车组织、客运服务；协调保障组下设 3 个小组：现场协调、物资保障、后勤保障。此时现场抢险指挥架构如图 5-4 所示。

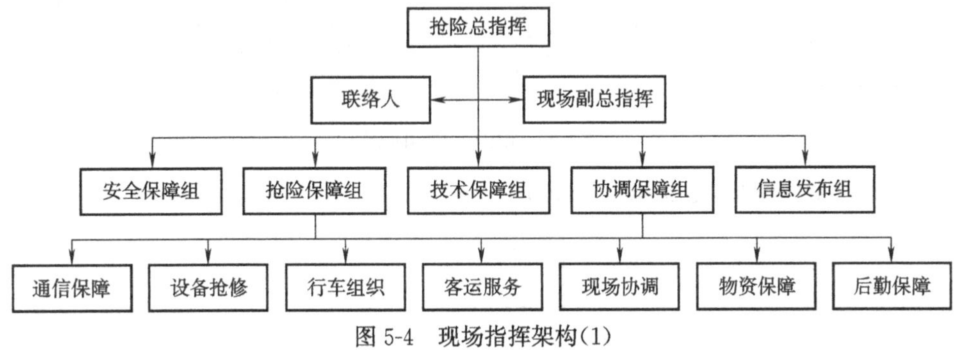

图 5-4　现场指挥架构(1)

当应急事件预计达到二级单位级别的响应时，由 COCC 发布公司级应急抢险指令，运营单位成立现场指挥部，安全保障组、抢险保障组、技术保障组、协调保障组、媒体应对组自然成立。此时现场抢险指挥架构如图 5-5 所示。

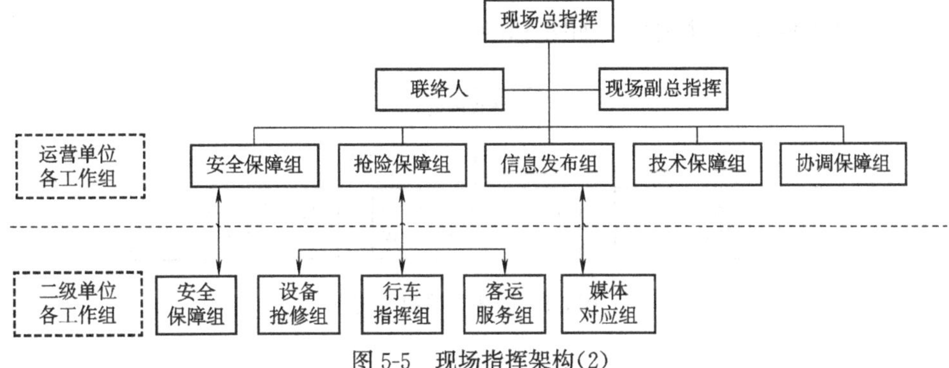

图 5-5　现场指挥架构(2)

3. 现场指挥部各岗位职责

(1)现场总指挥。由事发当天值班的城市轨道交通运营单位值班领导担任,主要职责有:

①负责整体应急抢险工作的组织、安排。

②制定具体救援措施,明确各岗位分工。

③向抢险领导小组组长报告现场抢险救援情况。

(2)抢险保障组,主要职责如图 5-6 所示。

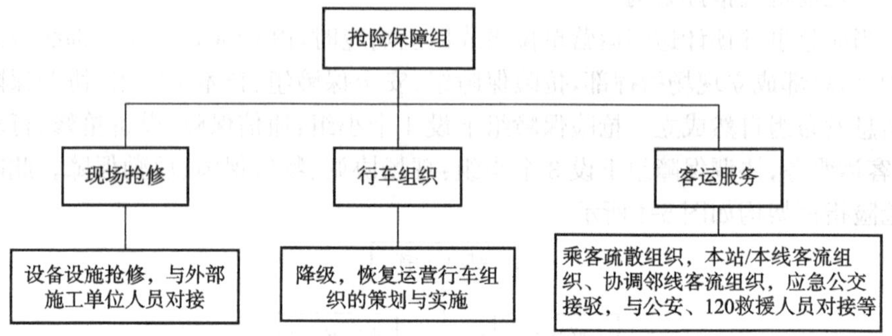

图 5-6　抢险保障组职责

(3)安全保障组,主要职责如图 5-7 所示。

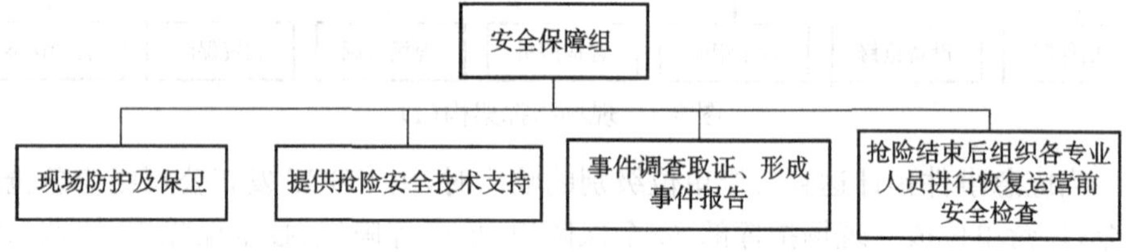

图 5-7　安全保障组职责

(4)技术保障组,主要职责如图 5-8 所示。

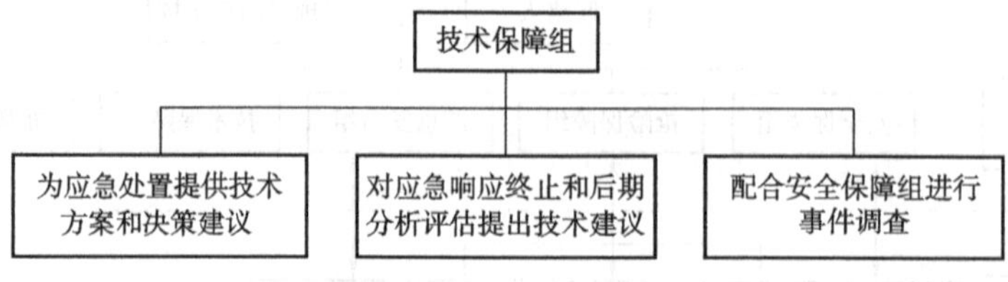

图 5-8　技术保障组职责

(5)协调保障组,主要职责如图 5-9 所示。

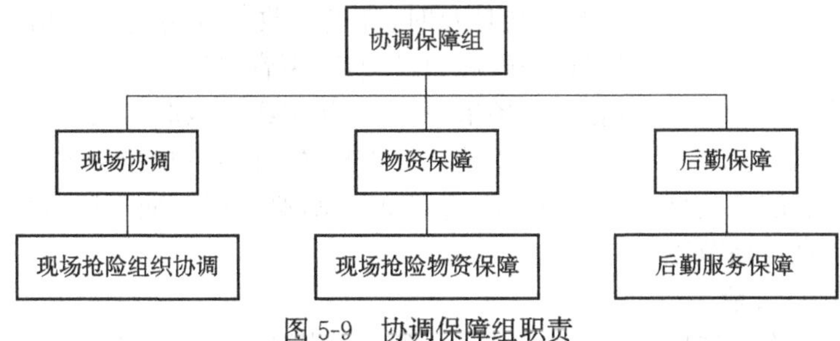

图 5-9　协调保障组职责

(6)信息发布组,主要职责如图 5-10 所示。

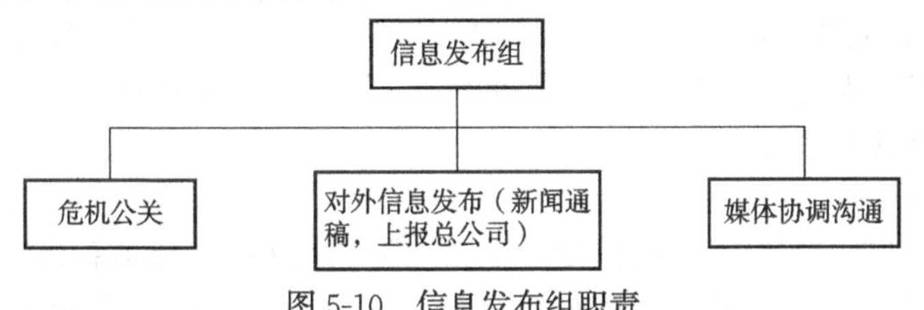

图 5-10　信息发布组职责

4. 现场应急抢险组织的要求

(1)现场指挥人员的变更

现场指挥人员的变更按照专业尽量接近、高一层级接替低一层级的原则确立。原现场指挥应报告前期的现场处置情况,同时将指挥人员变更信息通报 OCC 和 COCC。

(2)报到规范及要求

各工作组组长召集本组成员赶赴现场,各组长到达现场后向现场总指挥、COCC 或 OCC 报到。各单位支援人员到达现场后向本组报到、签名并集中待命,由该组组长联络员通报事件情况,并听从组长安排。参加应急抢险的人员到后,不要在站台站厅公共区聚集,以免引起乘客或媒体关注。

(3)现场组织管理加强抢险现场管理

包括合理安排各专业施工作业的顺序、各专业协同组织车站维护好现场秩序,通过隐蔽等措施减小事件影响,非作业人员不得进入抢险现场,同时引导乘客和无关人员(含不需参与员工)不要在现场聚集逗留。安全保障组负责组织协调抢险人员、物资进入事发区间/现场的顺序及手段。

(4)外部支援单位的组织管理

明确外单位支援前往的报到地点及对接人的联系方式,并尽量告知抢险所需的工具和物料。外单位支援人员赶到后,抢险保障组指派专人与其对接,组织外单位支援人员到设备房/会议室等非乘客服务区集中待令,并向其介绍事件概况,及时将外单位人员处理意见反馈给现场总指挥。

(5)现场信息的收集与发布

突发事件应急处置工作的基础是及时、准确地收集和传递应急信息。事发后第一现场信息的报送要求尽量准确(可通过图片、声音等发布):及时发布现场应急抢险进度信息和重要节点信息,现场指挥、各工作组组长或联络员及时将现场抢险情况通报 OCC 与 COCC。明确应急信息分类报送,注意现场抢险人员间、OCC 和 COCC 之间的信息共享。各单位接收到应急信息,必要时可向下层执行人员转发,但应控制信息传播范围。

5. 恢复与善后

当救援工作开展后,从紧急情况恢复到正常状态需要的时间、人员、资金和正确的指挥,这时对恢复能力和预先估计将变得十分重要,通常情况下,重要的恢复活动包括事故现场清理、恢复期间的管理、事故调查、现场的警戒与安全、安全和应急系统的恢复、人员的救助、法律问题的解决、损失状况的评估、保险与索赔、相关数据收集、公共关系等。

(1)应急恢复

当抢修完毕、设备正常、线路出清后,立即将信息通知现场总指挥。现场总指挥通知安全保障组会同抢险保障组进行最后的安全检查和确认,确认安全后由抢险组组长下达恢复行车指令。抢险结束后安全管理组组织各专业人员进行恢复运营前安全检查。同时落实后续人员驻守及其他保障措施。OCC 接抢险组组长通知设备正常恢复行车的命令后,组织恢复运营,报告 COCC,并发布信息。

(2)善后

应急恢复后,安全管理组须组织事故(件)调查取证、分析,评估损失情况,形成事件报告。同时,注意按要求在规定的时间内把事故(件)快报报送政府管理部门。安排工作小组,跟进伤亡人员的救治、善后处理,尽最大可能救治伤员,减少影响。信息发布组落实危机公关各项工作,及时对外发布信息(新闻通稿),主动与媒体协调沟通,必要时召开情况发布会,主动引导媒体正面报道事件。

5.3 常见应急设备及常见事故应急处理

5.3.1 常见应急设备

城市轨道交通系统的地铁列车是在封闭状态下运营的大型载客交通工具,因设备故障、技术行为、人为破坏、不可抗力等原因,均可能会发生突发事故。为能保证紧急情况下乘客的人身安全,在列车和车站都安装有相应的应急设备,当出现紧急情况时,乘客可以通过应急设备进行报警或自救。

1. 列车应急设备

一般情况下,地铁列车上应配备的应急设备有:紧急报警装置、紧急开门装置、灭火器、逃生装置。

紧急报警装置安装于列车的车厢内。一般情况下，列车的每节车厢至少安装两个紧急报警装置，包括报警按钮和紧急对讲器(图 5-11)。当车厢发生乘客冲突、有人昏厥、火灾等紧急状况时，乘客可以立即使用此装置通知驾驶员，以便驾驶员根据现场情况采取相关措施进行处理。

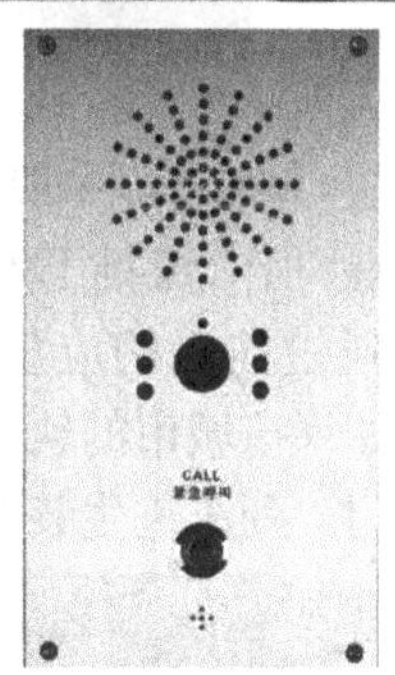

图 5-11　列车应急设备

在列车的每个车门上都安装有紧急开门装置(图 5-12)，其主要作用是列车在故障或紧急情况下，需要人工开门时使用。

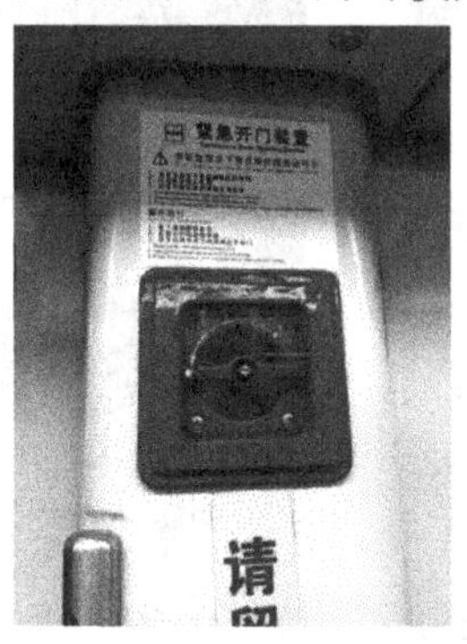

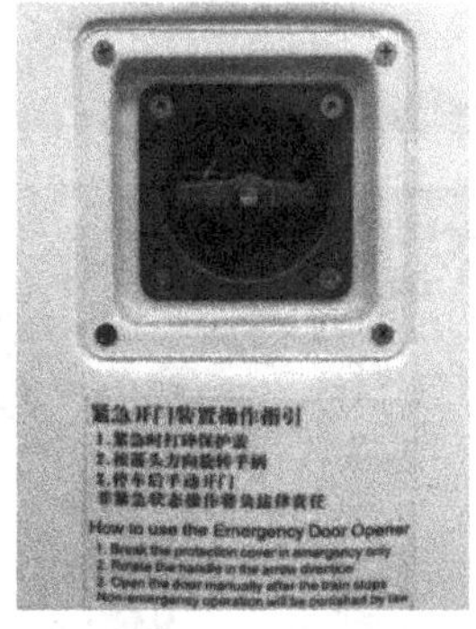

图 5-12　紧急开门装置

灭火器(图 5-13)是为预防列车发生火灾情况配备的应急设备。每节车厢均配备有灭火器，一般灭火器规格均为 6 kg，放置于车厢乘客底座下或车辆前后两端的专门设备内。当列车发生火灾初期或较小火灾时，乘客除通过车厢内的紧急报警按钮或紧急对讲器通知列车司机外，还可以用列车配备的灭火器灭火自救，尽量将火势控制、扑灭。

图 5-13 灭火器

逃生装置(图 5-14)一般安装在列车两端的司机室，它经手动解锁后通过气簧执行机构机械动作，可推下专门的接近轨道的紧急梯。当在运营区间发生故障时，驾驶员可以通过前后的应急疏散门疏散乘客，通过该门，乘客可以快速、有序通过隧道逃生。如果该城市的轨道交通系统采取疏散平台方式进行疏散，列车的逃生装置则为客室门。列车逃生装置一般在发生紧急情况下，必须通过人工疏散时才使用。

图 5-14 逃生装置

2. 车站应急设备

车站的应急设备分为：火灾紧急报警器、自动扶梯紧急停止装置、紧急停车按钮、屏蔽门紧急开关四类(图 5-15)。其安装位置和数量均根据不同的城市轨道交通系统建设的要求而有所不同，但各类应急设备的启用时机相同，就是必须在发生危及列车行车安全或危及人身安全的紧急情况下使用。

图 5-15　车站应急设备

5.3.2　常见事故应急处理

1. 常见事故的分类

(1)行车事故

凡在城市轨道交通运营工作中，造成人员伤亡、设备损坏、中断行车、危及运营安全及经济损失等情况的，均构成行车事故，具体包括以下情况：

①由于人的行为失误或因轨道交通系统的设备故障而导致产生危及列车在正

线上正常运行的事件。

②车站、车辆基地内所有与行车、调车作业有关的，危及人身安全和设备安全的各类事件。

③列车运行过程中(包括运行途中和停车期间)危及乘客安全的事件。

在发生行车安全事故时，除了尽快实施抢险抢修救护等紧急处理外，必须按照行车事故报告程序及内容进行报告，并填写事故报表备案。

(2)客运事故

凡是在车站的站厅(指收费区内)、站台上、客运列车车厢内发生的危及乘客人身安全的事件，均属于客运事故。客运事故主要有列车车门、屏蔽门、自动扶梯、列车停站时站台边缘与列车间的间隙、列车进出站等造成的乘客伤亡。发生客运安全事故时，应及时救助处理，并填写相关文件备案。

(3)自然灾害引起的事故

由自然因素引进的事故与灾害包括水害、风害、雷击或地震等。对此，城市轨道交通在建设时应有良好的预防监测措施。在遭遇此类事件时，应及时统一指挥组织乘客疏散转移，组织现场抢救。

2. 事故等级标准的确定

目前，我国尚未在全国范围内制订城市轨道交通事故等级分类标准，但各拥有轨道交通系统的城市都结合自身的特色，制订了相关的规则和标准。以 A 市为例，在《A 市城市轨道交通行车事故处理规则》中对城市轨道交通运营突发事件进行了等级方面的相关规定。

依据城市轨道交通运营突发事件可能造成的危害程度、波及范围、影响力大小、人员伤亡及财产损失等情况，由高到低划分为特别重大事故、重大事故、大事故、险性事故、一般事故和事故苗头。

(1)特别重大事故

列车、工程车辆等发生冲突脱轨、火灾、爆炸等事故，造成下列后果之一的为特别重大事故。

①死亡 30 人及其以上。

②事故直接经济损失在 500 万元及其以上。

(2)重大事故

列车、工程车辆等发生冲突、脱轨、火灾、爆炸或由于城市轨道交通设备状态不良等其他原因造成下列后果之一的为重大事故。

①人员死亡 3 人或死亡、重伤 5 人及其以上。

②中断正线(上下行正线之一)行车或耽误本列列车 180 min 及其以上。

③事故直接经济损失在 300 万元及其以上。

④列车中破一辆。

⑤工程车辆大破一台。

(3)大事故

列车工程车辆等发生冲突脱轨、火灾、爆炸或由于城市轨道交通设备状态不良等其他原因造成下列后果之一的为大事故。

①人员死亡1人或重伤2人及其以上。

②中断正线(上下行正线之一)行车或耽误本列列车120 min及其以上。

③事故直接经济损失在100万元及其以上。

④列车小破一辆。

⑤工程车辆中破一台。

(4)险性事故

凡事故性质严重,但未造成严重损害后果或损害后果不够大事故及以上事故,造成下列后果之一的为险性事故。

①列车冲突。

②列车脱轨。

③列车分离。

④未经批准,向占用区间接入或发出列车。

⑤未准备好进路或错排进路接入或发出列车。

⑥列车运行中擅自切除车载安全装置。

⑦列车错开车门,运行途中开门或车未停稳开门产生紧急制动。

⑧列车冒进信号或越过警冲标。

⑨列车夹人或夹物开车,导致乘客受伤或城市轨道交通设备损坏。

⑩列车、工程车溜入区间或站内。

⑪未拿或错拿行车凭证发车。

⑫列车运行中,因车辆部件脱落或货物装载不良刮坏城市轨道交通设备。

⑬变电、动力供电、接触网系统操作中发生错送电、漏停电,造成严重后果的。

⑭接触网塌网、坠落或其他设备部件脱落刮坏列车。

⑮运营线路走行轨由轨头到轨底贯通断裂。

⑯正线各类设施、设备、物资等侵入车辆限界,刮坏列车。

⑰运营线路几何尺寸四级超限。

⑱其他(性质严重的列车事故,经运营分公司安委会决定列入本项的)。

(5)一般事故

凡事故性质及损害后果不够大事故及险性事故的,为一般事故。

①调车冲突。

②调车脱轨。

③挤道岔。

④列车分离。

⑤未经批准,应停列车在站通过。

⑥调车作业碰轧脱轨器或防护信号。

⑦错误办理行车凭证发车或耽误列车。

⑧在运营时间内,因设备故障或其他原因造成正线(上下行正线之一),中断行车或耽误本列列车 30 min 及以上。

⑨在非运营时间内,因施工、设备故障或其他原因影响首班车晚开 30 min 及以上。

⑩漏发、漏传、错发、错传调度命令耽误列车。

⑪因错发操作命令或人员误操作造成断路器跳闸,或接触网误停电,造成后果。

⑫接地线错挂、漏挂、错撤、忘撤。

⑬其他(经运营分公司安委会决定列入本项的)。

(6)事故苗头

凡在城市轨道交通运营工作中,因违反规章制度,违反劳动纪律或其他原因造成设备损坏,影响正常行车或危及行车安全,但事故性质或损害后果达不到事故的,为事故苗头。此外,还包括因违章行为性质严重,虽未造成损失,但经安全部门定性为事故苗头的。

①在运营时间内,因设备故障或其他原因造成正线中断(上下行正线之一),行车或耽误本列列车 20 min 及其以上。

②列车车门因故障无法关闭,且无安全措施行车。

③列车夹人、夹物开车。

④未经批准,通过列车在站停车。

⑤因错办进路造成变更交路或列车错进股道。

⑥在运营期间,列车内灯管、广告牌、镜框等脱落。

⑦车站未按规定时间开、关站,造成不良影响。

⑧在运营期间,设备、设施、广告、备品脱落或掉下站台、隧道,造成停车。

⑨正线作业进入隧道施工未登记或作业结束后未注销。

⑩运营中,车站正常照明全部停电。

⑪在运营线上,委外施工无安全协议,现场无甲方(或甲方指定的)安全负责人。

⑫设备故障情况下,单个道岔的手摇道岔作业时间超过 20 min。

⑬调度电话无录音或未到规定时间录音丢失,中央处理系统未到规定时间数

据丢失。

⑭各类机柜门、检查孔盖未按规定锁闭或设施固定不牢，造成后果。

⑮列车主风管破裂，工程车辆撞止挡装置或溜逸。

⑯无证操作或违章操作相关命令，影响行车安全。

⑰空调季节，车站环控系统停止运行连续时间超 24 h。

⑱人为失误造成自动消防设施误喷。

⑲在灾难、险情时，FAS 系统未能正常报警。

⑳行车指挥无线通信系统故障，造成全线无线中断 20 min 及以上、局部无线中断 30 min 及以上。

㉑运营线路几何尺寸三级超限。

㉒其他（经运营分公司安委会决定列入本项的）。

3. 预警级别的确定

事故发生前，应当向社会公布预警级别。以北京市为例，在《北京市轨道交通运营突发事件应急预案》中对预警级别规定如下：依据城市轨道交通运营突发事件的危害程度、发展情况和紧迫性等因素，城市轨道交通运营突发事件的预警由高到低分为红色、橙色、黄色、蓝色四个级别。

(1)红色预警：预计将要发生特别重大以上城市轨道交通运营突发事件，事件会随时发生，事态正在不断蔓延。

(2)橙色预警：预计将要发生重大以上城市轨道交通运营突发事件，事件即将发生，事态正在逐步扩大。

(3)黄色预警：预计将要发生较大以上城市轨道交通运营突发事件，事件已经临近，事态有扩大的趋势。

(4)蓝色预警：预计将要发生一般以上城市轨道交通运营突发事件，事件即将临近，事态可能会扩大。

4. 常见事故处理

(1)大面积停电的应急处理

①地铁线路发生停电事故时，应沉着镇静，稳定乘客情绪、维持秩序，尽力保证乘客安全。控制中心根据停电影响情况，组织抢修抢险，发布列车停运、急救和车站关闭命令，并及时将灾情向上级报告。

②车站工作人员应加强检查紧急照明的启动情况，巡查各部位如升降电梯中是否有人员被困等，根据控制中心命令清站和关闭车站。

列车司机负责维持列车进站停车后，组织车上乘客向车站疏散。如果列车在区间停车，则利用列车广播安抚乘客，要求乘客不擅自操作车上设备，并立即报告行车调度，按行车调度指令操作。

(2)火灾的应急处理

车站发生火灾时的处理措施

车站立即向乘客广播发生火灾情况,暂停列车服务,并指引车站乘客有序地进行疏散,撤离车站。同时,向控制中心报告,视火灾情况报119和120。

组织人员进行灭火和关闭车站的各类电梯,救助受伤的乘客。

列车司机接到车站火灾通知后,听从行车调度指挥,并通过列车广播系统做好乘客广播。

控制中心接报后,立即执行车站火灾应急程序,扣住列车不能进入火灾车站,保持与司机和车站的联系,并视情况报119和120。

(3)列车在站台发生火灾时的处理措施

①司机开启客室门(屏蔽门)并通过列车广播安抚乘客,引导乘客疏散和使用列车的灭火器进行灭火自救,并确认火灾位置以及向车站和控制中心报告。

②车站接报后,立即广播通知乘客列车发生火灾情况,暂停列车服务。同时,组织人员进行灭火和引导乘客有序进行疏散,并视火灾情况报119和120。

③控制中心接报后,立即执行列车火灾应急程序,控制好列车间的距离,保持与司机和车站的联系,并视情况报119和120。

(4)列车在区间(隧道)发生火灾时的处理措施

①司机保持列车运行至前方车站后,开门疏散乘客。在运行途中通过列车广播安抚乘客,引导乘客使用车厢内的灭火器进行灭火自救,并确认火灾位置以及向车站和控制中心报告。

②如列车在区间(隧道)不能运行,则应打开列车的逃生装置,引导乘客有序地往就近车站方向疏散。

③车站接报后,立即广播通知乘客,引导乘客进行紧急疏散,并安排人员前往事故列车接应司机,组织乘客进行疏散。

④控制中心接报后,立即执行列车火灾应急程序,控制好列车间的距离,保持与司机和车站的联系,并视情况报119和120。

(5)特殊气象的应急处理

特殊气象应急预案分类。根据特殊气象对城市轨道交通运营的影响,应急预案包含以下六个类别:

①台风、雷雨大风(含龙卷风)应急预案。

②暴雨应急预案。

③高温应急预案。

④大雾、雾霾应急预案。

⑤冰雹、道路结冰应急预案。

⑥寒冷应急预案。

特殊气象应急预案启动原则,以当地气象台发布的气象预警信号为准。当地某区域气象台发布相应的台风和雷雨大风、暴雨、高温、大雾和雾霾、冰雹和道路结冰及寒冷气象预警信号后,由责任控制中心在受影响的线路范围内启动相应的特殊气象应急预案。

(6)相应的特殊气象应急预案的解除原则

满足以下两个条件,责任控制中心可解除相应的特殊气象灾害应急预案,并向下令启动预案的领导汇报。

①当地某区域气象台解除相应的台风和雷雨大风、暴雨、高温、大雾和雾霾、冰雹和道路结冰及寒冷气象预警信号。

②控制中心确认受相应的特殊气象影响的设备已全部恢复正常。

(7)停止某线路段运营的启动及解除程序

①启动程序。当需要停止某线路段运营时,OCC向运营总部总经理汇报,总经理下令启动。因特殊情况联系不上时,分别依次由运营总部分管安全、行车组织的副总经理下令启动。

②解除程序。当达到恢复某线路段运营条件时,OCC向运营总部总经理汇报,总经理下令恢复。因特殊情况联系不上时,分别依次由运营总部分管安全、行车组织的副总经理下令解除。

③恢复因台风、雷雨大风(含龙卷风)造成高架或地面路段停运的行车条件是:接获气象台取消橙色信号及在过去1 h监测到的最高风速低于74 km/h(8级)。

恢复高架段行车的程序是:首先,组织客车或工程车限速25 km/h进行线路检查;然后,安排专业维修人员跟车检查相关设备设施;确认具备条件后,恢复正常运营服务。

(8)特殊气象发生险情的应急处理原则

①抓住主要矛盾,先全面、后局部,先救人、后救物,先抢救通信、供电等要害部位,后抢救一般设施。

②根据需要,各部门积极合理地调动人力、物力投入抢险,在确保安全的情况下,尽快开通线路,恢复运营(含局部线路)。

③发生灾害时,应迅速准确地报告事故情况,确保信息渠道畅通。

④各部门、员工均应采取有效措施控制事态、减少损失,防止次生灾害的发生。

⑤贯彻抢险与运营并重、地铁运输与公交运输系统统筹兼顾的工作方针,在积极稳妥地处理事故的同时,按照总部相关规定最大限度地维持地铁运营或尽快恢复地铁运营。

(9)大客流应急处理

①大客流的出现

指因地铁周边环境影响或因设备故障导致设备能力不足等不可预见的情况,造成突发性进、出站客流增大,超过车站设备承受能力的情况。大客流可能出现的时间主要有节假日、特别的事件(如演唱会或体育赛事等)、恶劣天气、运营服务中断、意外事件、紧急事件、事故等。大客流可能出现的地点主要有站台、站前广场、换乘通道、电动扶梯及步梯、楼梯、出入口、站厅等。

②大客流的应急处理原则

车站发生突发性大客流时,由值班站长负责现场客运组织,安排、监督各岗位的职责实施情况,主要有管理客流、车站清人、阻止乘客进入车站等。

a. 管理客流。在地铁公安协助的情况下,站务员、车站助理在入口处实行"分批放行"限制进站乘客;车站督导员关闭进站闸机及自动售票机;车站人员使用手提扬声器引导乘客;车站人员在重要的位置和入口设置单行走向。

b. 车站清人。值班站长请求行车调度员安排空车接载乘客;车站督导员播放清站广播;车站人员转换电扶梯运行方向来疏导站台、站厅客流。

c. 阻止乘客进入车站。值班站长请求行车调度员安排列车不停站;车站督导员关闭车站入口或指定该口为"仅供出站的出口";车站人员摆放通告,在入口及进入大门的地方对关站和禁入原因加以解释;车站人员停止到站台方向的电扶梯。

(10)乘客受伤、晕倒、身体不适等应急处理

①乘客受伤应急处理

a. 任何人员发现有乘客受伤,应及时上报值班站长。

b. 督导员到现场查看乘客所在位置、受伤等具体情况。确认乘客状况及严重程度,通知综控室报 OCC;如有需要,采取急救;初步判断事件原因;如与设备有关,须先停用该设备,并报故障报警中心;安排人员寻找目击证人。

c. 站厅或站台人员协助督导员救助乘客,并现场寻找目击证人,记录事情经过。

d. 如有必要,值班站长应报 OCC 召唤医护人员。

e. 值班站长在 ODMS 中记录事件情况。

②乘客晕倒、身体不适应急处理

a. 任何人员发现有乘客身体不适,应及时上报值班站长。

b. 督导员到现场查看乘客所在位置、身体不适等具体情况。确认乘客状况及严重程度,如有可能,采取急救;初步判断事件原因;安排人员寻找目击证人;如乘客状况严重,通知综控室上报 OCC。

c. 站厅或站台人员协助督导员救助乘客,并现场寻找目击证人,记录事情经过。

d. 如有必要,值班站长应报 OCC 召唤医护人员。

e. 值班站长在 ODMS 中记录事件情况。

5.4 城市轨道交通中常见的人员伤害事故

1. 火灾事故

火灾事故由于其面广、伤害大，一直是轨道交通运营过程中最为严重的人员伤害事故之一，火灾事故危险因素包括内部原因和外部原因。

(1)内部火灾危险因素分析。车站、隧道以及列车内大量的电气设备存在发生火灾的危险。车站、列车内的建筑装饰材料、广告牌等为可燃材料，遇火可能会发生火灾危险。车辆、供电设备、机电设备等处若在超期服役状态，一旦发生故障，可能导致轨道交通系统火灾事故。

(2)外部火灾危险因素分析。因乘客违章携带危险物品、吸烟和吸烟后烟头随处乱扔等不当处置引起火灾危险。人为因素(如恐怖袭击、投毒、纵火等)引起火灾危险。地铁车站站厅乘客疏散区、站台和疏散通道内违规设置的商业网点存在发生火灾的危险，且可能会引起连锁火灾事故。

2. 列车脱轨事故

经分析，造成车脱轨事故因素主要有：

(1)线路设计或铺设不合格，道岔伤损、枕伤损、道床伤损、接触轨伤损、钢轨断裂等均可能导致列车脱轨危险；

(2)列车超速、列车走行部件发生故障，可能导致列车脱轨危险；

(3)地铁列车、线路设备等存在老化现象，处在超期服役状态，这些设备一旦发生故障，可能导致列车脱轨事故；

(4)此外轨道周边物体侵入运营线路，如电缆脱落、抹灰层脱落等，异物侵限可引起列车损坏、倾覆、脱轨等重大、特大安全事故。

3. 地铁拥挤踩踏事故

导致地铁拥挤踩踏事故危险因素有：

(1)车站内人员负荷过大，车站疏散通道或疏散楼梯设置不合理，车站站台、集散厅及疏散通道内有妨碍疏散的设施或堆放物品、车站出入口存在缺陷或有突发事件发生时，都可能造成人员拥挤踩踏。

(2)由其他原因，如地铁列车故障、火灾或其他危险状况等紧急情况发生时，也可能发生乘客挤伤、踩踏等危险。

4. 列车撞车事故

处于高速移动状态的列车，也伴随着高风险，一旦瞬间的设备异常或人员违章操作，都可能造成撞车危险。

5. 地铁中毒和窒息事故

此类事故包括中毒、缺氧窒息、中毒性窒息。

在火灾事故情况下，可能产生大量烟气，存在中毒和窒息的危险。地铁发生火灾后会产生大量的烟雾，如果通风设施故障，可能造成中毒和窒息的危险。

人为恐怖袭击使用的有害气体等也能造成中毒和窒息。

6. 触电伤害事故

轨道交通系统内部的电动车辆、变电所、配电室、电缆、三轨以及风机、水泵等设备由于设备缺陷、设计不周、防护不当等技术原因可能导致触电伤害危险。

由于人的违章作业、违章操作也可能造成触电伤害危险。

7. 机械伤害事故

列车车厢内灯管爆裂、内侧玻璃意外脱落等均可能导致机械伤害。乘客手扶车门、上下车时机选择不当或地铁列车设备故障。可能发生车门夹人等机械伤害。

8. 其他事故

(1)乘客使用扶梯时，可能造成碰撞、夹击、卷入等伤害。

(2)扶梯正常运行状态下的乘客违章乘梯，可能造成严重的乘客摔伤。

(3)列车在紧急起、制动时具有很大的惯性，可能导致乘客摔伤危险。

(4)地铁站乘客从高空站台坠落。

(5)夏季高温天气造成乘客在地铁车站中暑等。

本章小结

本章从城市轨道交通的应急救援体系、常见应急设备及常见事故的应急处理等多个方面介绍了城轨系统在出现突发事件之前以及突发事件出现时的响应机制和处理措施，明确了应急救援的范围和体系，使应急准备和应急救援对相关人员的培训和演习工作的开展有据可依、有章可循。

思考题

(1)城市轨道交通应急救援保障体系是什么？

(2)城市轨道交通应急资源主要都有哪些？

(3)行车事故的处理原则是什么？

(4)如果在车站发生工作人员触电事故该如何处理？

第6章　城市轨道交通运营安全相关法规与规章制度

法制化管理是城市轨道交通良性运行的根本性制度保证，无论规划管理、建设管理或运营管理都是如此。世界各国城市轨道交通管理的成功经验，无一不是通过完善的法律体系法规制度来约束和规范管理者、生产经营者以及参与者的行为，全面法制化的管理是城市轨道交通健康发展的必要条件。本章将着重介绍城市轨道交通运营安全的相关法规与规章制度。

6.1　城市轨道交通运营安全影响要素分析

在社会与经济等活动中，法规是国家法律、行政法规和行政规章的统称。

我国目前规范经济活动的法律框架主要有以下几个构件：第一是法律，即由全国人大通过，以国家主席令形式发布的法律文件；第二是法令，或称行政法规即由国务院常务会议通过，以国务院令形式发布的法律文件；第三是法规或称部门规章，即由政府各行业主管部门制定，以部、委、局令形式发布的法律文件；第四是国家标准，由国家质量技术监督管理部门制定、批准和发布。其中有一些强制性标准属于国家法规，其他标准本身虽不具有强制性，但因标准的某些条文由法律赋予强制力而具有技术法规的性质。

6.1.1　安全生产法规及安全生产法律体系

安全生产法规是指国家机关为加强安全生产监督管理，落实安全生产技术措施，保护人民群众生命和财产的安全，防止和减少安全生产事故，促进经济发展，按照一定的法律程序制定并颁布实施的法律规范。安全生产法规具有国家强制性，一切生产经营单位、行政机关、社会团体和从业人员以及相关方都必须严格遵守，认真执行。对违反安全生产法规的行为，造成重大后果的，要追究法律责任，并根据情节轻重分别给予行政处分、经济处罚，直至追究刑事责任。安全生产法规的主要任务，是调整在生产经营活动中相关组织之间及其与从业人员之间在安全生产方面权利和义务的关系，保护有关人员的人身和财产安全。

我国现行的有关安全生产的专门法律主要有《中华人民共和国安全生产法》

《中华人民共和国消防法》《中华人民共和国道路交通安全法》《中华人民共和国海上交通安全法》《中华人民共和国矿山安全法》《中华人民共和国工会法》《中华人民共和国职业病防治法》《中华人民共和国公路法》《中华人民共和国矿产资源法》《中华人民共和国铁路法》《中华人民共和国民用航空法》《中华人民共和国港口法》《中华人民共和国煤炭法》《中华人民共和国电力法》等。

安全生产法律体系是指我国全部现行的、不同的法律规范形成的有机联系的统一整体。根据法律地位和效力不同，安全生产法律体系分为法律、法规、规章和法定安全生产标准。

安全生产行政法规的法律地位和效力低于有关安全生产法律，高于地方性安全生产法规、部门规章等。地方性安全生产法规的法律地位和法律效力低于有关安全生产的法律、行政法规，高于地方政府安全生产规章，经济特区和民族自治地方安全生产法规的法律地位和效力与地方性安全生产法规相同。

规章分为部门规章和地方政府规章。部门规章是国务院有关部门依照安全生产法律、行政法规的授权制定发布的，部门安全生产规章的法律地位和效力低于法律、行政法规，高于地方政府规章。地方政府规章是最低层级的安全生产立法，其法律地位和效力低于其他上位法，不得与上位法相抵触。

虽然我国没有技术法规的正式用语，也未将其纳入法律体系的范畴，但许多安全生产立法却将安全生产标准作为生产经营单位必须执行的技术规范而载入法律，安全生产标准法律化是我国安全生产立法的重要趋势。法定安全生产标准主要是指强制性安全生产标准，分为国家标准和行业标准，对生产经营单位具有同样的约束力。

6.1.2　城市轨道交通安全管理法规基本体系

目前我国城市轨道交通行业安全法规尚属空白，《中华人民共和国消防法》和《中华人民共和国安全生产法》中均没有针对城市轨道交通的具体规定。立法空白导致需要通过行政手段来建立和运作城市轨道交通综合安全管理体系。与法律手段相比，行政手段虽然同样具有强制性，但在稳定性和明晰性方面却相去甚远，这将给城市轨道交通综合安全管理工作带来隐患。在全国性法律法规立法条件尚不成熟的情况下，可以依据相关法律中的部分条例，首先推动地方立法，对城市轨道交通综合安全管理体系作出规定。

1.《中华人民共和国安全生产法》

我国第一部全面规范各行各业安全生产的专门法律《中华人民共和国安全生产》（简称《安全生产法》），2021 年 6 月通过修改，2021 年 9 月 1 日起施行。

《安全生产法》明文规定，安全生产管理，坚持安全第一、预防为主的方针；在国内从事生产经营活动的单位，运用《安全生产法》管理、监督、控制安全生产；有关法律、行政法规对消防安全和道路交通安全、铁路交通安全、水上交通安全、民用航空安全另有规定的，适用其规定。

《安全生产法》的颁布实施，标志着我国安全生产法制建设进入一个新的发展阶段，对于依法强化我国安全生产监督管理，规范各类生产经营单位的安全生产和作业，依法制裁各种安全生产违法行为，遏制重大、特大事故的发生，保障劳动生产者安全的合法权益，维护人民群众生命财产安全，具有十分重要的意义。城市轨道交通系统职工持续认真学习，宣传、贯彻《安全生产法》是加强安全生产法制建设，不断推进运营安全，加快城市轨道交通发展的重大措施和长期任务。

2. 国务院颁布的与城市轨道交通系统运营有关的安全法规

国务院颁布的与城市轨道交通运营安全及其管理有关的安全法规，是经国务院办公会议通过并以国务院总理令颁发的行政法规，明文规定城市轨道交通系统各部门和工作人员对保证运营安全应尽的职责，及对各种扰乱车站秩序，侵犯乘客权益，危害行车安全，损坏轨道设施行为的禁令和奖惩范围及权限。对造成特别重大人身伤亡或巨大经济损失以及性质特别严重、产生重大影响的特别重大事故（简称特大事故）调查程序作出了具体规定，主要内容包括调查的原则要求，特大事故的现场保护和报告，特大事故的调查办法和处理权限及违反本规定的法则等。2001年4月21日，国务院公布了《关于特大安全事故行政责任追究的规定》。

此外，国务院发布的《民用爆炸物品管理办法》《放射性物品管理办法》和《化学危险物品安全管理条例》等，都对制定与执行城市轨道交通系统危险货物运输管理的相关规则起重要指导作用。

3. 城市轨道交通主管部门制定的与确保运营安全有关的规程、规则

我国目前尚未制定城市轨道交通统一的安全运营规则，在这种背景下，各城市轨道交通管理部门结合实践，制定了一系列相关法规，主要分为两类：

（1）与行车安全及其管理有关的规程、规则

与行车安全及其管理有关的规程、规则主要有《行车技术管理规程》《行车组织规则》《行车事故处理规则》等。

（2）与运营安全及其管理有关的规程、规则

与运营安全及其管理有关的规程、规则主要是各类相关的旅客运营规程，以北京市为例，有《北京市城市轨道交通安全运营管理办法》。

4. 国家质量技术监督局制定的作业标准和生产条例

作业标准是延伸的规章制度，一般是指与重复进行的生产活动直接有关的作业项目和程序，在内容、顺序、时限和操作方法等方面，依据作业规章制度所做的统一规定，是组织现代化大生产的主要手段，作业标准和规章制度二者相辅相成，缺一不可，尤其是对大量重复进行、影响大、安全要求高的铁路调车和接发列车作业

更是如此。

规范正常状态下的作业标准，需要参照所在城市的城市轨道交通事故预防法规标准体系及所在城市的城市轨道交通安全保障管理体系等。此外，还有针对突发事故的“所在城市的城市轨道交通事故应急及救援法规标准体系”。

5. ISO9000 质量认证体系

城市轨道交通系统是城市综合交通路网的主干架，在目前各种运输方式激烈竞争的形势下，城市轨道交通运营要提高服务质量和市场竞争能力，应尽快跨入ISO9000 认证行列。ISO9000 系列标准其核心是对运输过程的动态控制，满足运输企业全面建立安全动态管理模式的需要，实现在运输安全上有序可控，持续发展，从而取得较好效果。

运用ISO9000 系列标准进行规范管理，主要遵循两点：一方面，构建完善的质量管理文件体系；另一方面，确定过程控制方法的具体应用，规范管理。

总之，与城市轨道交通运营安全有关的国家法律和安全法规对规章制度和作业标准的制定与执行起权威性、原则性的指导作用，而后者又是前者的制定依据，随形势发展和条件变化，都需要适时予以修订、补充和增删，以便使运输安全管理水平不断提高。

6.2 《中华人民共和国安全生产法》

《中华人民共和国安全生产法》(简称《安全生产法》)于 2002 年 6 月 29 日经第九届全国人大常务委员会第 28 次会议审议通过，以中华人民共和国主席第 70 号令予以公布，自 2002 年 11 月 1 日起施行。

根据 2009 年 8 月 27 日第十一届全国人民代表大会常务委员会第十次会议关于《关于修改部分法律的决定》第一次修正，2009 年 8 月 27 日实施。

根据 2014 年 8 月 31 日第十二届全国人民代表大会常务委员会第十次会议《关于修改〈中华人民共和国安全生产法〉的决定》第二次修正，2014 年 12 月 1 日实施。

2020 年 11 月 25 日，国务院总理李克强主持召开国务院常务会议，确定完善失信约束制度、健全社会信用体系的措施，为发展社会主义市场经济提供支撑，通过《中华人民共和国安全生产法(修正草案)》。

2021 年 6 月 10 日，中华人民共和国第十三届全国人民代表大会常务委员会第二十九次会议于通过《全国人民代表大会常务委员会关于修改〈中华人民共和国安全生产法〉的决定》，自 2021 年 9 月 1 日起施行。

6.2.1 《安全生产法》的法律地位和立法宗旨

《安全生产法》是我国第一部安全生产基本法律，在我国安全生产法律体系中，

《安全生产法》的法律地位和法律效力是最高的，是各类生产经营单位及其从业人员实现安全生产所必须遵守的行为规范，是各级人民政府和各有关部门进行监督管理和行政执法的法律依据，是制裁各种安全生产违法犯罪行为的法律武器。《安全生产法》第一条明确规定其立法宗旨，即"为了加强安全生产监督管理，防止和减少生产安全事故，保障人民群众生命和财产安全，促进经济发展，制定本法"。

6.2.2 《安全生产法》的适用范围

《安全生产法》的第二条对适用的范围做了明确的规定："在中华人民共和国领域内从事生产经营活动的单位（以下统称生产经营单位）的安全生产，适用本法；有关法律、行政法规对消防安全和道路交通安全、铁路交通安全、水上交通安全、民用航空安全以及核与辐射安全、特种设备安全另有规定的，适用其规定。"

6.2.3 《安全生产法》的基本规定

1. 安全生产管理的方针

《安全生产法》第三条规定："安全生产工作应当以人为本，坚持人民至上、生命至上，把保护人民生命安全摆在首位，树牢安全发展理念，坚持安全第一、预防为主、综合治理的方针，从源头上防范化解重大安全风险。"

2. 生产经营单位安全生产责任制度

《安全生产法》第四条规定："生产经营单位必须遵守本法和其他有关安全生产的法律、法规，加强安全生产管理，建立健全全员安全生产责任制和安全生产规章制度，加大对安全生产资金、物资、技术、人员的投入保障力度，改善安全生产条件，加强安全生产标准化、信息化建设，构建安全风险分级管控和隐患排查治理双重预防机制，健全风险防范化解机制，提高安全生产水平，确保安全生产。"该条规定主要是依赖确定了以生产经营单位作为主体、以依法生产经营单位规范、以安全生产责任制为核心的安全生产管理制度。

在《安全生产法》的第二章具体规定了生产经营单位的安全生产保障的责任，主要包括从事生产经营活动应当具备的安全生产条件、安全生产资金投入、安全生产管理机构和安全生产管理人员的配置、生产经营单位主要负责人和安全生产管理人员安全资格、从业人员安全生产培训、特种作业人员范围和要求、建设项目安全设施"三同时"、安全警示标志、安全设备达标和管理、特种设备检测检验、生产安全工艺设备管理、危险物品管理、重大危险源管理、生产设施场所安全距离和紧急疏散、爆破、吊装等作业现场安全管理、劳动防护用品规定、交叉作业的安全管理、工伤保险的规定等。

3. 生产经营单位主要负责人的安全责任

《安全生产法》第五条规定："生产经营单位的主要负责人是本单位安全生产第

一责任人，对本单位的安全生产工作全面负责。”生产经营单位主要负责人是指直接领导、指挥生产经营单位日常生产经营活动、能够承担生产经营单位安全生产工作主要领导责任的决策人，如厂长、经理等。

按照《安全生产法》第二十一条规定：“生产经营单位的主要负责人对本单位安全生产工作负有下列职责：(1)建立健全并落实本单位全员安全生产责任制，加强安全生产标准化建设；(2)组织制定并实施本单位安全生产规章制度和操作规程；(3)组织制定并实施本单位安全生产教育和培训计划；(4)保证本单位安全生产投入的有效实施；(5)组织建立并落实安全风险分级管控和隐患排查治理双重预防工作机制，督促、检查本单位的安全生产工作，及时消除生产安全事故隐患；(6)组织制定并实施本单位的生产安全事故应急救援预案；(7)及时、如实报告生产安全事故。”

4. 工会在安全生产工作中的地位和权利

工会是代表从业人员对生产经营单位的安全生产进行监督、维护从业人员合法权益的群众性组织，是协助生产经营单位加强安全管理的助手，是政府监督管理的重要补充。《安全生产法》第七条规定：“生产经营单位的工会依法组织职工参加本单位安全生产工作的民主管理和民主监督。”

《安全生产法》在第六十条明确了工会参加安全管理和监督的权利：“工会有权对建设项目的安全设施与主体工程同时设计、同时施工、同时投入生产和使用进行监督，提出意见。工会对生产经营单位违反安全生产法律、法规，侵犯从业人员合法权益的行为，有权要求纠正；发现生产经营单位违章指挥、强令冒险作业或者发现事故隐患时，有权提出解决的建议，生产经营单位应当及时研究答复；发现危及从业人员生命安全的情况时，有权向生产经营单位建议组织从业人员撤离危险场所，生产经营单位必须立即做出处理。工会有权依法参加事故调查，向有关部门提出处理意见，并要求追究有关人员的责任。”

5. 生产安全事故责任追究

《安全生产法》第十五条规定：“依法设立的为安全生产提供技术、管理服务的机构，依照法律、行政法规和执业准则，接受生产经营单位的委托为其安全生产工作提供技术、管理服务。”《安全生产法》规定要实行责任追究的，是指发生人为责任事故，对负有责任的单位或者人员进行责任追究，生产安全事故责任者所承担的法律责任的主要形式包括行政责任和刑事责任。

6. 安全生产标准

安全生产标准是法律规范的重要补充，《安全生产法》第十一条规定：“国务院有关部门应当按照保障安全生产的要求，依法及时制定有关的国家标准或者行业标准，并根据科技进步和经济发展适时修订。”依照法律规定，执行法定的保障安全生产的国家标准和行业标准，是生产经营单位的法定义务，生产经营单位必须执行安全生产方面的国家标准或行业标准，特别是强制性的标准。

7. 安全生产宣传教育

安全生产事关人民群众生命和财产安全，要实现《安全生产法》保护人民群众生命和财产安全的立法宗旨，做好安全生产工作，就必须依靠和发动广大职工群众乃至全民积极主动、自觉自愿地参与，从而提升全民的安全意识，弘扬安全文化，树立以人为本的理念。《安全生产法》第十五条规定："依法设立的为安全生产提供技术、管理服务的机构，依照法律、行政法规和执业准则，接受生产经营单位的委托为其安全生产工作提供技术、管理服务。"第七十七条规定："新闻、出版、广播、电影、电视等单位有进行安全生产公益宣传教育的义务，有对违反安全生产法律、法规的行为进行舆论监督的权利。"

8. 安全生产科技进步和奖励

实现安全生产，必须依靠科技进步，先进的安全生产科学技术对提高安全生产水平具有不可替代的重要作用，只有重视和鼓励安全生产科学技术的研究，推广先进的安全生产技术，才能不断改善安全生产条件，不断装备先进可靠的安全设备设施，加强预防生产安全事故和消除事故隐患的手段和能力，实现科技兴安、科技保安。《安全生产法》第十八条规定："国家鼓励和支持安全生产科学技术研究和安全生产先进技术的推广应用，提高安全生产水平。"在第十九条、第七十六条，明确规定在改善安全生产条件、防止生产安全事故，参加抢险救护等方面做出显著成绩的个人或单位，国家应给予重点奖励。

6.2.4　从业人员的权利和义务

生产经营单位的从业人员是各项安全生产经营活动最直接的劳动者，是各项法定安全生产的权利享有者和义务承担者，《安全生产法》第六条规定："生产经营单位的从业人员有依法获得安全生产保障的权利，并应当依法履行安全生产方面的义务。"《安全生产法》内容第三章对从业人员的安全生产权利义务作了全面、明确的规定，并且设定了严格的法律责任，为保障从业人员的合法权益提供法律依据。

1. 从业人员的权利

《安全生产法》规定各类从业人员必须享有的、有关安全生产和人身安全的最重要、最基本的权利，这些基本安全生产权利，可以概括为以下5项：

(1)获得安全保障、工伤保险和民事赔偿的权利。

(2)得知危险因素、防范措施和事故应急措施的权利。

(3)对本单位安全生产的批评、检举和控告的权利。

(4)拒绝违章指挥和强令冒险作业的权利。

(5)紧急情况下的停止作业和紧急撤离的权利。

2. 从业人员的安全生产义务

从业人员依法享有权利，同时也必须承担相应的义务。从业人员的安全生产义务主要有以下4项：

(1)遵章守规、服从管理。

(2)正确佩戴和使用劳动防护用品。

(3)接受安全培训，掌握安全生产技能。

(4)发现事故隐患或其他不安全因素及时报告。

6.3 城市轨道交通安全相关法律法规及规章

6.3.1 《城市轨道交通运营管理规定》

1.《城市轨道交通运营管理规定》起草背景

交通运输部发布了《城市轨道交通运营管理规定》(交通运输部部令2018年第8号，以下简称《规定》)，于2018年7月1日起施行。

2018年3月，国务院办公厅印发了《关于保障城市轨道交通安全运行的意见》(国办发〔2018〕13号，以下简称《意见》)，明确提出要根据实际需要及时制修订城市轨道交通法规规章。为贯彻落实《意见》要求，适应新的发展形势和需要，更好履行指导城市轨道交通运营职责，交通运输部在前期工作基础上起草了《规定》。《规定》坚持"以人民为中心、安全可靠、便捷高效、经济舒适"的基本原则，明确了城市轨道交通运营管理的各项政策措施，为进一步规范城市轨道交通运营管理，切实保障运营安全，统筹协调各方关系具有重要意义。

2.《规定》主要内容

《规定》共7章，共56条，包括总则、运营基础要求、运营服务、安全支持保障、应急处置、法律责任和附则。主要内容包括以下4点：

(1)夯实行业管理基础。树立"规划建设为运营、运营服务为乘客"理念，落实《意见》关于"在可行性研究报告和初步设计文件设置运营服务专篇"的要求，从车站设施、设备兼容性、线网衔接等方面，细化了运营服务专篇的内容，理顺运营与前期规划的衔接。建立城市轨道交通初期运营前、正式运营前、运营期间安全评估制度，明确了城市轨道交通试运行、初期运营、正式运营等建设与运营交接界面的工作内容和办理程序，清晰界定相关部门和单位的工作职责和义务。明确从业人员管理、设施设备准入与运行维护管理、风险隐患管控治理等相关要求。建立城市轨道交通运营信息统计分析制度，确保及时逐级报送相关信息。

(2)提升运营服务能力。立足于更好满足广大人民群众高质量出行需求，建立运营服务质量承诺制度,运营单位要向社会公布运营服务质量承诺,行业管理部门定期对运营单位服务质量进行监督考评,并向社会公布结果。建立城市轨道交通运营主管部门和运营单位的投诉受理制度,督促运营单位不断改进提升服务水平。对造成严重影响的乘客违法违规行为,明确应当依法追究责任,有效保障社会公众利益。

(3)加强安全支持保障。明确了保护区范围内作业时的有关程序要求,要求作业单位制定安全防护方案,并对作业影响区域进行动态监测。明确保护区作业巡查有关要求,对地面、高架线路沿线建(构)筑物等妨碍瞭望和侵界情况的处置进行规定,加强城市轨道交通线路保护。对危害城市轨道交通设施设备运行、影响运营安全的禁止性行为进行规定。明确乘客进站禁止、限制携带物品的具体要求,并要求运营单位要按规定在车站醒目位置公示禁止、限制携带物品目录。清晰界定有关部门在城市轨道交通公共安全防范的职责分工。

(4)强化应急处置能力。要求运营单位健全综合应急预案、专项应急预案和现场处置方案的应急预案体系。对运营单位的应急物资、应急救援装备和队伍、应急值守和报告等提出要求。明确运营突发事件应急演练要求,建立运营安全重大故障和事故报送制度,不断提高安全防范和应急处置水平。

6.3.2 《城市轨道交通管理条例》

为规范城市轨道交通管理,保障城市轨道交通建设的顺利进行和安全运营,维护乘客的合法权益,根据有关法律、法规,北京市、上海市、广州市和深圳市等城市已制定轨道交通管理条例,一般包括总则、规划与建设、设施保护、运营管理设施管理、安全与应急管理、法律责任、附则等内容。根据轨道交通管理条例,部分城市政府还制定了轨道交通运营安全管理规定和城市轨道交通乘坐守则等,对城市轨道交通的运营安全及其相关的管理活动、城市轨道交通乘坐规则进行规定。以《上海市城市轨道交通管理条例》为例,关于安全与应急管理规定如下:

1. 轨道交通企业安全生产管理

轨道交通企业是轨道交通运营安全的责任主体,应当按照有关规定设置安全生产管理机构,配备专职安全生产管理人员,建立健全安全生产管理制度和操作规程,维护轨道交通运营安全。轨道交通企业应当设置售票、检票、自动扶梯、公共厕所、通风、照明、废物箱等轨道交通服务设施,并定期检查,及时维修、更新,保持完好,确保轨道交通设施处于可安全运行的状态。轨道交通企业应当设置报警、灭火、逃生、防汛、防爆、防护监视、紧急疏散照明、救援等器材和设备,定期检查、维护,按期更新,并保持完好。

轨道交通企业在组织工程项目建设时,应当根据国家、本市规定的技术标准以及轨道交通运营功能配置规范,配置安全可靠的轨道交通设施,建设完善的轨道交通安全监测和施救保障系统，保障乘客乘车安全、便捷。轨道交通企业应当开展日常安全隐患排查，并定期对轨道交通设施进行安全检查。发现安全隐患的，应当及时消除。

轨道交通企业应当按照有关标准和操作规范，设置安全检查设施，并有权对乘客携带的物品进行安全检查，乘客应当予以配合。对安全检查中发现的携带危险物品的人员，轨道交通企业应当拒绝其进站、乘车；不听劝阻，坚持携带危险物品进站的，轨道交通企业应当立即按照规定采取安全措施，并及时报告公安部门依法处理。

2. 禁止危害城市轨道交通安全的行为

禁止乘客携带易燃、易爆、有毒、有放射性、有腐蚀性以及其他有可能危及人身和财产安全的危险物品进站、乘车。危险物品目录和样式由市公安、交通行政管理部门公告，由轨道交通企业在车站内予以张贴。

禁止下列危害城市轨道交通安全的行为：

(1)拦截列车；

(2)擅自进入轨道、隧道等禁止进入的区域；

(3)攀爬或者跨越围墙、栅栏、栏杆、闸机；

(4)非紧急状态下动用紧急或者安全装置；

(5)损坏车辆、轨道、路基等设施和隧道、高架、车站及其附属设施；

(6)干扰机电设备和通信信号系统；

(7)损坏轨道交通设施的其他行为；

(8)违反法律、法规规定的其他行为。

3. 轨道交通企业运营应急管理

当发生轨道交通客流量激增而可能危及运营安全等紧急情况时，轨道交通企业应当按照有关规定采取限制客流量的措施，确保运营安全。采取限制客流量等措施后仍然无法保证运营安全时，轨道交通企业可以停止轨道交通线路部分区段或者全线的运营，并应当立即报告市交通行政管理部门。

市交通、建设行政管理部门应当会同公安等行政管理部门按照有关法律、法规以及本市突发事件总体应急预案的规定，组织编制本市轨道交通突发事件应急预案，通报市人民政府批准后实施。轨道交通企业应当根据轨道交通突发事件应急预案，编制本企业的具体应急预案，并报市交通、建设行政管理部门备案。

发生轨道交通运营安全事故时，轨道交通企业应当立即排查事故原因，经查清原因、消除妨碍后，在确保运营安全的情况下，及时恢复正常运行。市人民政府及其应急、交通等行政管理部门应当按照国家和本市的有关规定对轨道交通运营安全事故组织调查和处理，公布事故原因和处理结果。

发生自然灾害、恶劣气象条件或者运营安全事故以及其他突发事件时，相关行政管理部门和轨道交通企业应当及时启动应急预案进行处置。

6.3.3 《城市轨道交通消防安全管理》

《城市轨道交通消防安全管理》2005年12月8日发布，为公安部消防提出，是中华人民共和国公共安全行业标准，编号为GA/T 579—2005。

1. 范　围

本标准规定了地铁、轻轨等城市轨道交通系统在运营过程中的危险源控制，各级各类人员的消防安全责任和职责，灭火和应急疏散预案与演练，消防设施检查及维护管理，消防宣传教育，人员培训和消防档案管理等消防安全工作的管理要求。

本标准适用于城市轨道交通的消防安全管理。

2. 术语和定义

(1)应急预案

应急预案是针对各种可能发生的事故或突发事件所需的应急行动制定的指导性文件，是应急救援系统的重要组成部分，其目的是指导应急行动按计划有序进行，防止因行动组织不力或现场救援工作的混乱而延误事故应急救援，从而减少人伤亡和财产损失。

(2)运营单位

运营单位是负责城市轨道交通运营管理的机构。

(3)车站

车站是为乘客提供乘车、到达和换乘的场所。车站包括站厅、站台、出入口通道人行楼梯自动扶梯检票口和管理及设备用房等以及通信、通风、空调、照明、卫生、防灾等设施。

3. 总要求

城市轨道交通的消防安全管理应在当地政府的统一组织协调下，建立由政府相关部门(包括公安、消防)与运营单位及供电、通信、供水和医疗等单位密切协作、运转高效、分工明确的报警接警、监控和抢险救援机制。城市轨道交通运营单位应制定安全管理责任制度，按照国家现行有关消防法律、法规、规章(以下统称消防法规)落实消防安全责任制。国家有关部门和单位应根据本标准对城市轨道交通中使用的设施，设备的设计、制造、安装与使用制定相关的安全管理办法和技术要求。城市轨道交通运营单位应结合本单位实际制定单位及各部门的灭火和应急疏散预案，定期组织演练，提高先期应急处置能力。城市轨道交通运营单位应当遵守有关消防法规，贯彻“预防为主，防消结合”的消防工作方针，正确处理好运营与安全的关系，建立科学的消防设施管理体制，城市轨道交通应按照现行有关消防法规和技术规范的要求配置消防设施、器材，并在工程设计中积极采用先进的防火、灭火技术，选用先进可靠的防火灭火设施器材。城市轨道交通应依据现行有关消防法规和技术规范设置防火灾、水淹、风灾、冰雪、地震、雷击和停车事故等防灾设施，并以防控火灾的消防设施，器材为主。城市轨道交通的消防安全管理工作和消防监督工作，除遵守本标准的规定外，还应符合国家现行的其他有关法律法规的规定。城市轨道交通的消防安全设计、施工、验收管理应符合现行有关消防法规和技术规范的规定，并经国家规定的公安消防监督机构审查和批准。

4. 消防安全管理职责要求

城市轨道交通运营单位为消防安全重点单位，应建立消防安全责任体系，明确逐级岗位消防安全职责。城市轨道交通消防设计应有保障消防安全疏散的设施及通道，运营单位应保障消防安全疏散通道及设施完好、可用，落实消防安全措施，城市轨道交通运营单位应建立与当地公安消防机构联系制度，及时反映单位消防安全管理工作情况，具体规定了消防安全责任人、消防安全管理人部门主管人员（车站站长，控制中心主任、消防安全员、环控调度人员、行车调度人员、电网调度人员、维修调度人员、自动消防系统操作人员、列车司机、其他人员）应履行的职责。

同时，规定城市轨道交通车站站厅内按规定设置的商业场所，实行承包、租赁或委托经营、管理时，应接受和服从运营单位消防安全管理。运营单位应提供符合消防安全要求的建筑物，订立的合同中应明确消防安全责任。

5. 危险源控制要求

运营单位应根据当地实际情况和轨道交通的设施状况、人员特点等制定相应的火源控制管理规定。城市轨道交通严格限制可燃物品的使用，并制定可燃物品安全使用的管理规定。

危险源控制要求主要包括：限制可燃物、吸烟管理、明火（动火）管理、电气火源控制、燃气控制、采暖控制、用油系统控制、易燃易爆化学危险品控制。

6. 灭火和应急疏散预案与演练

明确规定城市轨道交通特大事故和突发事件应急救援预案应由当地政府组织制定。当地政府应组织城市轨道交通运营单位、公安、消防、供电、通信、供水、交通和医疗等单位按应急预案定期进行必要的演习。在演习过程中，应采取措施防止发生人员意外伤亡。政府应制定报告程序、现场及事故调查、新闻采访接待及事故现场以外区域组织工作程序。城市轨道交通运营单位应积极配合当地政府制定轨道交通消防应急预案，并严格落实预案中轨道交通运营单位的相关职责。

对运营单位应急预案、控制中心应急处理预案（调度指挥预案）、城市轨道交通车站应急处理预案、列车火灾事件应急处理预案、车站其他预案、车务安全应急处理预案、乘客疏散预案制定的原则和内容做了明确的规定。

同时对灭火和应急疏散演练的目的、一般规定、组织进行了具体的阐述。

7. 消防设施检查、维护管理及抢险救援工具

消防设施检查、维护管理主要包括两方面的内容，一是消防设施使用操作规程，二是消防设施检查与维护制度。

抢险救援用指挥备品至少应包括：手持对讲机、防毒面具、呼吸器、强光手电、手持扩音机、指挥车等。

抢险救援用抢险备品至少应包括：呼吸器、战斗服、灭火器、应急灯、电锯、电钻、机械压钳、万用表、测电笔、螺丝刀、扳手、斧子等常用工具。

抢险救援用救护备品至少应包括：担架、轮椅、防毒面具、急救药箱，应急灯安全警戒绳，警示标志等。

8. 消防宣传教育、培训及消防档案

城市轨道交通运营单位应通过公益广告、广播、闭路电视和疏散指示牌等向乘客宣传轨道交通防火、灭火和安全疏散方法，重大节日和活动期间应开展有针对性的消防宣传、教育活动，新员工上岗前应进行一次消防安全教育、培训，城市轨道交通运营单位每半年至少应组织一次全员培训，将培训纳入轨道交通运营单位职业学校教学课程，宣传教育、培训情况应做记录，全员培训明确了宣传教育、培训内容以及哪些人员每年应接受一次消防安全专门培训。

城市轨道交通运营单位应建立健全消防档案，消防档案应实、准确，并附有必要的图表，不应漏填、涂改，并根据情况变化及时更新。

本章小结

我国目前规范经济活动的法律框架主要有以下几个构件：法律、法令、法规、国家标准。与城市轨道交通系统运营安全及其管理相关的法规，应该由国家立法机关、行政机关和国铁集团制定的国家法律、行政法规和行政规章中有关运输安全的各种限制性规定和专项要求约束，它们是城市轨道交通运营及其安全管理的法治依据。

思考题

(1)《安全生产法》的适用范围有哪些？

(2)《安全生产法》的法律地位和立法宗是什么？

(3)运营单位的安全管理责任有哪些？

(4)在《城市轨道交通管理条例》中，对乘客乘车有哪些规定？结合实际谈谈自己的看法。

(5)结合实际，谈谈轨道交通应该如何加强安全管理。

参 考 文 献

[1] 何理,史聪灵,马东,等. 地铁运营线路危险源辨识及评估分级优化方法应用[J]. 安全,2018,39(8):8-11.

[2] 徐新玉. 城市轨道交通运营管理规章[M],北京:人民交通出版社,2011.

[3] 王艳辉,祝凌曦. 城市轨道交通运营安全管理方法与技术[M],北京:北京交通大学出版社,2011.

[4] 束昱. 城市地下空间灾害事故案例选编[M],上海:同济大学出版社,2009.

[5] 杨其鸣. 大型铁路客运站系统安全风险辨识及分析研究[D]. 北京:北京交通大学,2018.

[6] CHAPMAN C B,COOPER D F. Risk Analysis for Large Project,Models,Method and Cases[M]. Great Britain:John Wiley&Sons,1987:544-549.

[7] 刘永胜. 供应链风险预警机制[M]. 北京:中国物资出版社,2007.

[8] 李佳遥,苟娟琼,穆文歆,等. 基于事故链情境的铁路潜在风险关联推理研究[J]. 铁道学报,2017,39(11):8-14.

[9] 仇国芳,王举. 基于概念格的施工安全事故知识发现研究[J]. 安全与环境学报,2019,19(05):1625-1630.

[10] 黄玉鑫,闫振国,范京道,等. 基于 Apriori 算法的煤矿双重预防信息系统[J]. 工矿自动化,2020,46(10):92-98,118.

[11] 李晨爽. 地铁深基坑施工耦合风险动态管控研究[D]. 武汉:华中科技大学,2019.

[12] 曹吉鸣,申良法,彭为,等. 风险链视角下建设项目进度风险评估[J]. 同济大学学报,2015,3(43):468-474.

附录一　城市轨道交通运营安全总体预案

1　总体预案编制依据

《中华人民共和国安全生产法》；
《中华人民共和国突发事件应对法》；
《中华人民共和国消防法》；
《突发公共卫生事件应急条例》；
《国家处置城市地铁事故灾难应急预案》；
《生产经营单位安全生产事故应急预案编制导则》；
《上海市轨道交通管理条例》；
《上海市安全生产条例》；
《上海市突发公共事件总体应急预案》；
《上海市轨道交通运营安全管理办法》；
《上海市处置城市轨道交通运营事故应急预案》；
《上海申通地铁集团有限公司轨道交通运营事故调查处理规则》。

2　适用范围

适用于发生在轨道交通运营及试运营线路，因操作失误、设备故障、自然灾害、外部干扰等因素引发各类突发事件的预防、处置和善后工作。

3　工作原则

(1)安全第一，预防为主。把预防作为应对轨道交通突发事件的中心环节和主要任务，建立责任体系，完善工作机制，加强安全防范，强化检查督促，开展宣传教育，防止和减少事故的发生。

(2)以人为本，减少危害。把保障市民乘客生命财产安全作为应急处置工作的出发点，减少突发轨道交通事故造成的人员伤亡、财产损失、列车延误和社会影响，尽快恢复正常秩序。

(3)统一指挥，分级负责。突发事件应急处置实行集团统一指挥，按照预案职责要求，及时响应，逐级负责。

(4)各司其职、协同配合。按照各自的职责分工开展工作,协同配合,共同做好应急处置工作。

4 应急预案体系

(1)根据企业的组织架构、专业分类和可能发生的突发事件的特点,集团应急预案体系分为三个层级,分别为第一层次总体预案,第二层次专项预案,第三层次现场处置方案。

(2)总体预案是应对突发事件的整体计划、规范程序和行动指南,从总体上阐述应急处置方针、政策,应急组织机构及相关应急职责,应急响应、措施和保障等基本要求和程序,应对各类运营事故的综合性文件,由企业应急管理委员会(以下简称应急委)制定、经安全生产委员会批准后实施。

(3)专项预案是根据突发事件的危险源因素和风险分类,为明确应急突发事件按专业、流程的处置要求而制定的应急处置程序文件,是总体预案的细化和延伸。专项预案由应急管理办公室组织制定、经集团批准后实施。

(4)现场处置方案是根据总体预案、专项预案,为明确应急处置措施要求,指导各岗位实施现场救援工作的文件,形式包括各类作业指导书和一站一预案。现场处置方案由各单位组织制定、实施,报备集团应急管理办公室。

(5)总体预案规定了各单位处置突发事件发生的主要应急职责、应急响应要求,是专项预案的纲领性文件;专项预案是根据总体预案,针对某一类事故明确处置流程和各岗位操作要求的预案文件,每项专项预案都有一项或多项现场处置方案与之对应;现场处置方案结合事发场所及作业类型的具体特点,而制定的详细应急处置的文件,是专项预案的补充和细化。

5 风险来源

风险来源根据潜在危险性、存在条件和触发因素,可分为人员因素、设备因素、环境因素和管理因素四种。

(1)人员因素

人是轨道交通运营安全的控制因素,特别是行车指挥和列车驾驶等关键岗位,由于人的安全意识麻痹、不安全行为和违章操作,可能直接引起各类安全事故的发生。

(2)设备因素

①车辆因素:车辆系统的重大危险源有机械故障、电气故障、制动故障、车门故障等主要部件的损坏、系统控制失常、人为破坏等因素,可能造成列车脱轨、列车火灾、列车冲突等事故、并可能引发拥挤踩踏等次生灾害。

②线路系统因素：线路系统的重大危险源有断轨、胀轨变形、道岔伤损、道床病害等造成的列车延误、限速、停运等，严重时可能引起列车脱轨等事故。

③供电系统因素：供电系统的重大危险源有牵引供电、接触网、动力供电系统故障造成大面积停电、运营中断、火灾等。

④机电系统因素：机电系统的重大危险源有电梯、扶梯故障，造成人身伤害事故或踩踏事故；通风系统、动力照明系统、给排水系统故障，FAS、BAS、灭火系统应急情况下的故障、误操作等。

⑤通信信号系统因素：通信信号系统主要危险源有地面信号设备或车载 ATP 故障、道岔控制故障、信号联锁故障、调度指挥系统中断，可能造成列车冲突、运营指挥失控、运营秩序混乱等。

(3)环境因素

①自然环境因素：恶劣天气、洪水、地震等，可能导致停运、设备故障、基础设施破坏等。

②运营环境因素：地铁车辆和车站空间相对封闭、狭小，人员密集、流动性大，在发生各类突发事件时影响扩散速度快，危险程度高，人员疏散困难，现场控制难度大。

③社会环境。乘客的不安全乘、候车行为，人为破坏车站、列车设施和恐怖袭击等，可能导致运营设备损坏、运营中断及乘客伤亡等。

(4)管理因素

管理制度不健全，管理人员的违章操作、管理不到位、处置不合理等影响运营及人员、设备、设施各方面的安全问题。

6　风险分类

根据突发事件的发生过程、性质和机理，轨道交通突发事件风险主要分为以下五类：

(1)自然气候类：台风、暴雨、冰冻、雪灾、高温、雷电、雾霾、地震等。

(2)公共安全类：公共治安事件、火灾、恐怖袭击、爆炸、非法人员控制列车、突发疫情、生化/毒气等。

(3)运营事件类：大客流、列车事故、人员侵入线路、乘客伤害等。

(4)设备故障类：列车故障、列车事故、车站失电、接触网/接触轨失电、信号故障、通信故障、AFC 故障、线路异常、防淹门/人防门故障、水管爆裂等。

(5)信息安全类：计算机病毒、黑客袭击、网络风暴等。

风险的危害包括造成：人员伤亡、经济损失、运营中断、大客流(冲击、骚乱、踩踏)、行车或乘车秩序遭受严重破坏、设备损坏以及社会影响。

7 应急机构及职责

运营管理企业设立应急管理委员会，由应急委决定和部署集团应急管理工作。

应急委主任由运营管理企业主要领导担任，副主任由集团分管领导担任，成员由运营管理部(运管中心)、运营设施设备管理部(维保公司)、运营安全监察室、保卫部、党委办公室、行政办公室、工会、团委、纪委监察室、总体规划部、投资管理部、财务部、合约管理部、组织人事部、审计室、企业管理发展部、技术管理部(技术中心)、隧道设计院、信息中心、培训中心、建管中心、项目公司、运营公司、磁浮公司和资产公司等相关部门和单位主要负责人组成。

(1)应急委各成员单位的主要工作职责

①运管中心负责突发事件的路网及线路的运营调整指挥，负责与各单位的联络协调、汇总信息。

②维保公司负责突发事件的各专业单位应急抢险抢修力量的调配、设施设备的抢修处置和恢复。

③运营安全监察室负责突发事件的现场资料收集和分析、调查处置。

④保卫部负责火灾、爆炸、恐怖袭击等类突发事件的应急协调、配合事件调查处置。

⑤行政办公室、党委办公室负责突发事件信息对外发布和宣传。

⑥技术中心负责应急事件处置的技术支持以及专家库管理工作。

⑦建管中心、项目公司负责与运营线路相关的在建工程发生突发事件时的应急抢险抢修力量调配、现场处置。

⑧运营公司、磁浮公司负责所辖线路突发事件先期处置、客运组织、乘客疏散，及本单位应急抢险抢修力量的调配、设施设备的抢修处置和恢复。

⑨资产公司负责与运营线路相关的资产设施设备的应急处置。

⑩集团其他单位、部门负责突发事件应急处置相关配合工作。

(2)工作机构及职责

①集团应急委下设应急管理办公室(以下简称应急办)由运营中心、维保公司、安全运营监察室、保卫部和建管中心等单位部门组成。应急办主任由运管中心领导担任，副主任由维保公司、安全运营监察室、保卫部和建管中心领导担任，应急办日常办事机构设在运管中心。

②应急办承担轨道交通突发事件应急处置的日常管理工作，主要负责与各工作单位的联络协调、预案衔接、运营监测、汇总信息、信息研判、调集专家等工作。

8　监测与预警

(1)监测

①OCC 和车站负责对线路运营、系统设施设备运行状态情况进行监测,形成监测记录;发现设备故障和运营异常情况采取应对措施,按规定上报相关信息,形成各类报表。

②COCC 负责轨道交通运行状况信息监测,形成监测记录和分析统计报表;收集重要设施设备故障和重大运营异常情况信息,并协调解决,必要时按要求向上级单位部门报告。

(2)预警等级

根据轨道交通运营保障任务、运营生产实际状态和已发生的突发运营事件可能对行车安全、线路和网络运行造成的危害和影响,预警等级从低到高依次划分为四级、三级、二级、一级 4 个级别。

①以下情况发布四级预警

a. 预计造成运营晚点 15～30 min 的事件;

b. 未达到 15 min 晚点但预计对运营造成较大影响的事件;

c. 发生未对运营造成直接影响的一般 E 类运营事故;

d. 车站非公共区域、停车场/基地等部位发生火灾;

e. 配合政府相关部门联动处置的事件。

②以下情况发布三级预警

a. 预计造成运营晚点 30～60 min 的事件;

b. 发生对运营造成直接影响的一般 E 类运营事故;

c. 车站公共区域、运营列车、主变电站、控制中心等部位发生火灾,未造成人员伤亡。

d. 车站发生可能危及公共安全的群体性事件;

e. 接到上级应急管理部门配合联动处置的要求。

③以下情况发布二级预警

a. 预计造成运营晚点 60～120 min 的事件;

b. 发生一般 D 类运营事故;

c. 在车站内发生 3 人及以上伤亡的事件;

d. 接到公安部门可能遭受恐怖袭击的通报;

e. 市交通委发布Ⅴ级应急预警。

④以下情况发布一级预警

a. 预计造成运营晚点 120 min 以上的事件;

b. 发生一般C类及以上运营事故；

c. 车站或者运营列车发生火灾造成人员伤亡；

d. 接到公安部门通报遭受恐怖袭击的通报；

e. 市交通委发布Ⅳ级以上应急预警。

(3)预警响应

①四级预警响应要求

a. 运营单位安排领导干部值班，监测部门加强运营及系统设施设备的监测；

b. 运营单位相关部门负责人、专业公司分管负责人/线路负责人赶赴现场，响应预警要求；

c. 关键设施设备实施有人值守，关键工作场所负责人带班值守；

d. 运营单位应急救援队伍接到命令后迅速出发，视情况采取防止事件发生或事态进一步扩大的相应措施。

②三级预警响应要求

a. 在四级预警响应基础上，运营单位主管/分管负责人响应预警要求；

b. 运营单位领导及关键岗位人员 24 h 值班。

③二级预警响应要求

a. 在三级预警响应的基础上，企业主管领导应到场响应预警要求；

b. 视情况成立 ETC。

④一级预警响应要求

a. 在二级预警响应的基础上，由企业负责人响应预警要求；

b. 在国家、市级相关应急机构领导下，开展应急处置工作。

附录二　上海市轨道交通列车故障应急处置专项预案

1　编制目的

为提高应对列车故障的应急处置能力，明确各相关专业岗位的职责及处置程序，减少列车故障对运营的影响，制订本应急预案。

2　适用范围

本预案适用于上海轨道交通路网已投入运营和已接管行车管理权的车站、车场、区间线路等场所发生列车故障的应急处置。

3　编制依据

《上海轨道交通运营突发事件处置总体预案》；
《行车组织规则》；
《上海申通地铁集团有限公司轨道交通运营事故调查处理规则》。

4　术语和定义

列车救援：当列车发生故障无法动车，通过其他列车与其连挂，采用牵引或推进的救援方式使之及时驶离正线，以确保正线运营的安全畅通。

5　预警预防

5.1　危险源(行车)

(1)列车部件损坏；
(2)列车控制软件失效；
(3)司机操作失误；
(4)非工作人员擅动列车设备；
(5)列车事故。

5.2　预防措施

(1)车辆、信号专业按照列车修制、修程规定，保养、检修列车，保障列车状态良好；

(2)加强车辆、信号专业维修人员的培训,提高维修技能;

(3)司机在列车投入运营前,按操作规程做好各类功能测试;

(4)加强司机的培训,提高列车故障处置能力;

(5)加强列车客室设备管理,落实提示及防护措施;

(6)各行车人员按规定组织行车,防止发生列车事故。

6 启动条件

列车在运行中发生故障,经司机处置无法自行运行至指定地点时,OCC 启动本预案。

7 应急指挥机构

(1)应急指挥机构由 COCC、OCC 及现场指挥组成。

(2)现场指挥由列车司机或现场抢修总负责人和车辆、供电及客运等专业负责人组成。

(3)列车故障时,列车的故障应急处置和救援连挂由司机负责;如列车故障需抢修才能动车时,由现场抢修总负责人到达后接管指挥权。

(4)COCC 根据事件的影响程度及事态的发展情况,申请成立轨道交通应急决策指挥部(ETC)。

8 工作职责

8.1 COCC

(1)做好信息收集及报告工作;

(2)核实现场信息,判明事态影响程度,发布预警启动的指令;

(3)做好路网的运营调整工作;

(4)做好乘客路网诱导及应急信息发布工作;

(5)根据事件的影响程度及事态的发展情况,申请成立 ETC;

(6)根据事件的影响程度及事态的发展情况,申请、协调外部支援力量。

8.2 OCC

(1)根据故障车的状况采取相应的处置措施(维持运营、退出运营、救援、抢修等),启动本预案;

(2)预判故障影响情况,按信息报告流程进行汇报;

(3)安排其他电动列车/工程车辆担当救援车辆;

(4)做好列车救援监控工作,确认救援连挂车的安全行车条件、安全行车间隔符合要求;

(5)如列车故障需抢修才能动车时,向有关单位、部门发布抢险救援指令;

(6)按照现场抢修总负责人的要求，做好现场抢险救援的相关配合工作；
(7)做好线路的运营调整工作；
(8)做好运营恢复的相关准备工作。

8.3　现场抢修总负责人

(1)第一时间赶赴现场，收集信息，接管现场指挥权；
(2)制定、落实抢修作业现场的安全保护措施；
(3)根据抢险需要，向 OCC 提出运营限制及配合要求；
(4)根据现场情况，向 COCC 申请调动专职抢险救援队伍或社会增援力量；
(5)根据现场情况，确定设备抢修方案，并组织实施；
(6)确认抢险结束，线路符合运营条件，向 OCC 提出线路开通，恢复运营。

8.4　车辆专业组

(1)立即组织人员赶赴故障车，对事发列车状态进行检查、修复；
(2)落实列车抢修作业期间的安全保护措施；
(3)做好列车的抢修工作；
(4)明确列车动车方式及限制。

8.5　供电专业组

(1)立即组织人员赶赴现场，对事发位置的接触网/接触轨状态确认；
(2)落实列车抢修作业期间的安全保护措施；
(3)组织开展弓网缠绕的分离工作；
(4)列车动车后，做好接触网/接触轨的检查、抢修工作；
(5)明确线路开通后的运营限制。

8.6　值班站长

(1)根据 OCC 运营调整方案，制定车站客运方案，并组织实施；
(2)做好救援车/故障车的清客组织工作；
(3)安排站务员做好跟车监护工作；
(4)做好运营恢复的相关准备工作。

8.7　车站值班员

(1)执行调度的运营调整方案；
(2)做好乘客引导及信息告知工作；
(3)执行值班站长的客运方案；
(4)做好抢险救援配合工作；
(5)做好运营恢复的相关准备工作。

8.8　站务员

(1)做好乘客引导及信息告知工作；
(2)执行值班站长的客运方案；
(3)登乘救援车/故障车，跟车监护；

(4)做好运营恢复的相关准备工作。

8.9　司　机

(1)进行列车故障应急处置,向OCC运营调度提出故障列车的运行方案的建议(维持运营、退出运营、救援、抢修等);

(2)根据OCC运营调度的指令行车;

(3)做好故障车与救援车的救援连挂工作;

(4)配合抢险人员做好列车抢修工作;

(5)瞭望端司机是救援连挂列车的行车指挥人。

8.10　DCC

(1)根据OCC运营调度指令安排救援连挂车入场;

(2)做好工程车辆出库救援/抢修的准备工作;

(3)按照车辆维修的要求,做好列车检查、维修的配合工作。

9　信息报告

9.1　信息报告流程

(1)按照《上海轨道交通网络运营处置突发事件总体预案》信息报告流程进行报告;

(2)司机将列车故障应急处置情况向OCC运营调度报告;

(3)现场抢修总负责人根据现场抢险进度,向OCC运营调度报告信息;

(4)OCC接报后,按照应急信息报告有关规定和流程向COCC汇报。

9.2　司机信息报告内容

(1)故障列车车次号、车体号、列车故障发生地点(车站、上/下行、首尾车位置及各种特殊位置等);

(2)列车故障信息及应急处置情况;

(3)救援连挂车具备动车条件的信息。

9.3　现场抢修总负责人信息报告内容

(1)列车故障情况及抢修方案;

(2)故障处置时间和运营配合要求;

(3)具备动车条件及相关运营限制的信息。

9.4　OCC信息报告内容

(1)故障列车车次号、车体号列车故障发生时间、地点(线路、车站、上/下行、首尾车位置及各种特殊位置等);

(2)列车故障信息及应急处置情况,事件造成的影响程度,现场已采取的措施及运营调整方案;

(3)故障列车抢修情况;

(4)故障列车的动车信息。

10　前期确认

(1)列车司机进行故障应急处置,并向 OCC 汇报信息;
(2)OCC 根据列车故障情况,进行运营调整;
(3)OCC 将现场信息向 COCC 汇报,启动预案;
(4)COCC 预判影响程度,启动预警。

11　应急处置

11.1　列车可以连挂救援

(1)故障列车司机做好客室广播及乘客安抚工作;
(2)救援列车司机与故障列车司机做好救援的准备工作;
(3)救援列车与故障列车进行救援连挂作业;
(4)OCC 安排救援连挂列车运行至目的地;
(5)OCC 做好线路运营调整工作;
(6)车站做好乘客信息告知和引导工作;
(7)救援连挂列车途径车站做好列车监护工作。

11.2　列车需要应急抢修

(1)故障列车司机根据应急处置情况向 OCC 提出抢修申请;
(2)故障列车司机做好乘客的信息告知及安抚工作;
(3)OCC 发布抢修抢险指令;
(4)OCC 做好线路运营调整;
(5)抢修人员到达现场后,现场抢修总负责人制定抢修处置方案,并组织实施;
(6)现场抢修总负责人提出抢修配合要求及运营限制;
(7)OCC 配合实施抢修要求,调整运营方案;
(8)抢修完成后,现场抢修总负责人明确动车方式及运营限制;
(9)OCC 安排故障列车运行至目的地。

12　后期处置

(1)故障列车退出正线后,OCC 调整列车运行方案,恢复运营秩序,COCC 解除预警;

(2)车辆维修单位检查停于存车线/折返线的故障列车,确保不影响线路运营,做好故障列车回库的准备工作;

(3)运营结束后,各运营单位配合做好列车回库工作;

(4)车辆维修单位查明列车故障原因并修复;

(5)各运营单位做好事件处置流程的评估、分析和总结。

13 应急处置流程图（图F2.1）

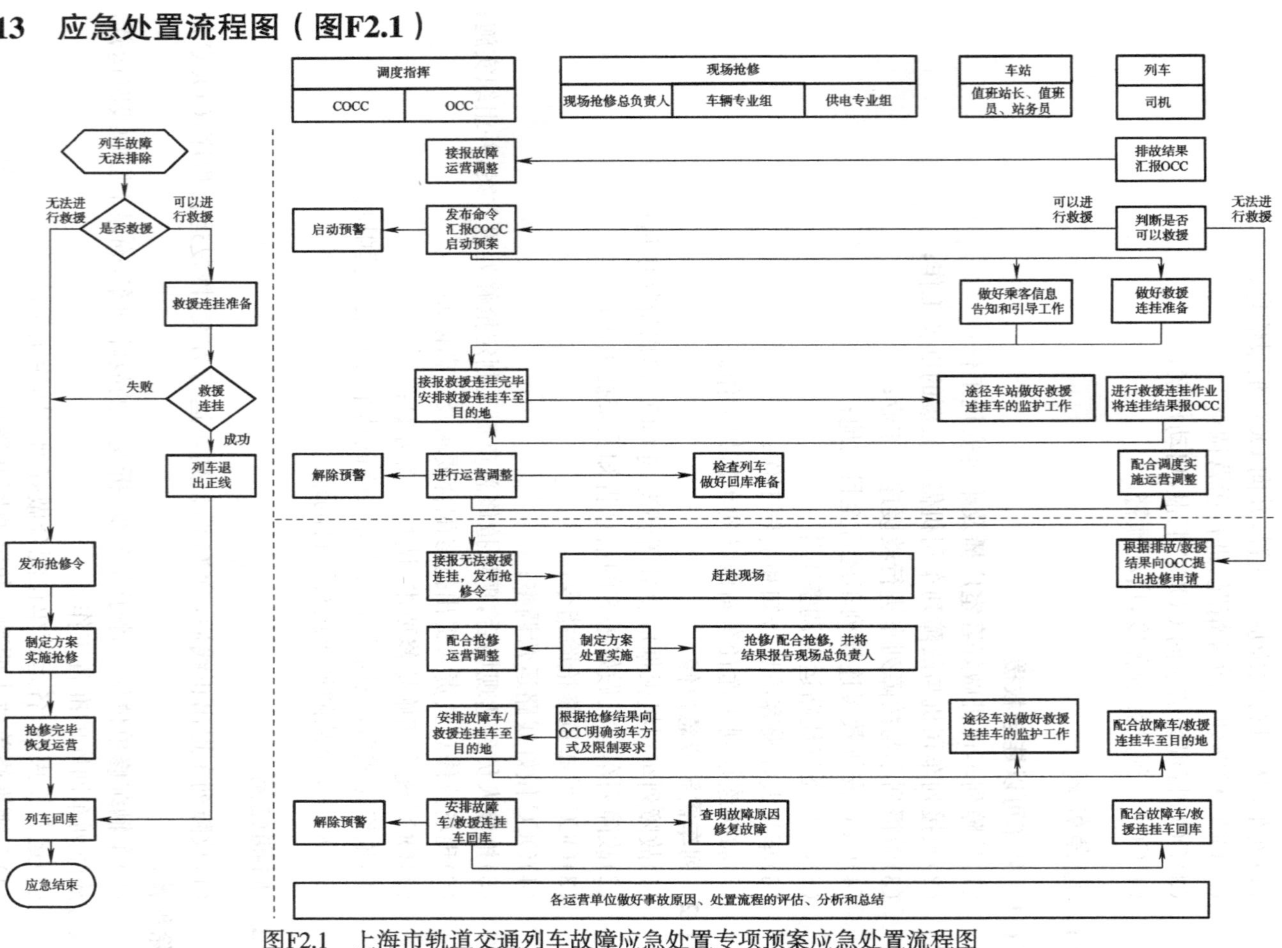

图F2.1 上海市轨道交通列车故障应急处置专项预案应急处置流程图